ULRIKE POSCHE
Gerhard Schröder

Buch

Der 27. September 1998 markiert einen tiefgreifenden Wendepunkt in der deutschen Nachkriegsgeschichte. Zum ersten Mal wurde eine Bundesregierung durch Wählervotum vollständig aus dem Amt abgelöst. Der durch einen überwältigenden Stimmenzugewinn für die SPD – nach vier langen Legislaturperioden in der Oppositions-Diaspora – eröffnete Machtwechsel ist auch ein persönlicher Triumph für ihren Kandidaten. Gerhard Schröder ist es überzeugend gelungen, der Wechselstimmung im Deutschland vor der Jahrtausendwende Gesicht und Profil zu verleihen.

Ulrike Posche schildert in prägnanten Momentaufnahmen und Rückblicken, wie der neue Bundeskanzler wurde, was er heute ist, welche Hindernisse und Rückschläge – politische wie private – er auf seinem Weg bewältigen mußte, was die Gründe für seinen Erfolg sind. Von der fulminant gewonnenen Niedersachsenwahl über den pompösen Leipziger Krönungsparteitag, von Schrittübungen auf internationalem Parkett bis zur Nacht des Wahlsiegers zeichnet diese Porträtstudie eindringlich die einzelnen Stationen seiner Kampagne für das Kanzleramt nach – ein detailreiches und nuanciertes Charakterbild von Gerhard Schröder.

Autorin

Ulrike Posche, geboren 1957 im beschaulichen Rheinland, studierte im katholischen Münster. Sie schrieb als Lokalreporterin für die Rheinische Post und die Münstersche Zeitung und landete 1985 in Hamburg – erst auf der Henri-Nannen-Schule und schließlich beim STERN. Dort schreibt sie seit elf Jahren über Menschen, Männer und die Mächtigen der Politik. Sie begleitet Gerhard Schröder seit 1990 journalistisch durch Höhen und Tiefen seines politischen, aber auch persönlichen Lebens.

Fotograf

Robert Lebeck, Jahrgang 1929, Berliner, ist einer der renommiertesten deutschen Fotoreporter. Seit über 30 Jahren hält er für den STERN Prominenz und Persönlichkeit im Bild fest. In Anerkennung seiner Leistung für den Bildjournalismus wurde ihm 1991 der Dr. Erich-Salomon-Preis verliehen. Robert Lebeck lebt heute in Frankreich.

Ulrike Posche

Gerhard Schröder

Nah-Aufnahme

Mit Fotos
von Robert Lebeck

GOLDMANN

Originalausgabe

Bildnachweis:
Bruno Bruni: Seite 116 oben
Felici: Seite 66
Alle übrigen Fotos von Robert Lebeck

Umwelthinweis:
Alle bedruckten Materialien dieses Taschenbuches
sind chlorfrei und umweltschonend.
Das Papier enthält Recycling-Anteile

Originalausgabe Oktober 1998
© 1998 Wilhelm Goldmann Verlag, München
in der Verlagsgruppe Bertelsmann GmbH
Umschlaggestaltung: Design Team München
Umschlagabbildung: Robert Lebeck
Satz: DTP im Verlag
Druck: Graphischer Großbetrieb Pößneck
Verlagsnummer: 15039
KF · Herstellung: Sebastian Strohmaier
Made in Germany
ISBN 3-442-15039-6

3 5 7 9 10 8 6 4 2

Inhaltsverzeichnis

Prolog

In Blomberg-Mossenberg, Talstraße 17, kommt am 7. 4. 1944 Gerhard Fritz Kurt Schröder zur Welt. Im Sternzeichen Widder. Es ist eine Geburt im Schlafzimmer, wie sie üblich ist zu jener Zeit. Die Schwiegermutter steht der 30jährigen Erika Schröder bei. Ihr beißt die Gebärende vor Schmerz in den Arm. Als die Hebamme eintrifft, ist der Junge schon da. Damit er schreit und atmet, pustet die Großmutter ihm kräftig ins Gesicht. So ist das erste, was Schröder von der Welt spürt, ein Wind, der ihm ins Gesicht bläst. Und so wie die Puste seiner Großmutter bewirkt fortan jeder Gegenzug bei ihm die sofortige Mobilmachung aller Kräfte. Für den Rest seines Lebens.

»Ich habe gezittert«
Die Nacht des Siegers

Wie fühlt sich der Sieg an? Wo spürt man Triumph? Steigt er vom Bauch langsam hoch in den Kopf, explodiert er im Auge, im Darm, in den Mundwinkeln? Läßt er das Herz rasen? Oder alles zusammen? Gerhard Schröder hatte geglaubt, er kenne sich aus mit der Pose des Helden, mit dessen Gefühlen. Schließlich fand er seine »Psyche immer ganz in Ordnung«, weil er »großartige Siege, aber auch großartige Niederlagen« kennengelernt hatte. Aber jetzt war der Routinier der Macht am Ziel angekommen - und irgendwie erstarrt.

Sie saßen noch im Auto vom Flughafen ins Regierungsviertel, als Pressesprecher Uwe-Karsten Heye den Kandidaten Schröder anrief. Und so lapidar, wie Heye das Gewaltige jedes Mal ankündigt, wenn es daherkommt, sagte er: »Gerd, du kannst ruhiger werden.« Ihr Mann sei aber nur blaß geworden, erzählt Schröders Frau Doris, und habe abgewinkt: »Hört auf, hört auf, ich will das erst wissen, wenn das genau ist.«

Sosehr ihn die Geheimwissenschaft der Meinungsforscher im Wahlkampf hochgepuscht hatte, in diesem Moment – zweieinhalb Stunden vor seinem Sieg – war sie ihm unheimlich. Dabei hatte Heye nachmittags um halb vier nur die Zahlen wiedergegeben, die drei Umfrage-Institute ermittelt hatten. Und die waren um diese Zeit schon ziemlich genau. Jedenfalls so, daß die Zeitungskommentatoren bereits an ihren Hymnen basteln konnten: »Welch ein Donnerschlag! Mit welch brutaler Deutlichkeit die Deutschen ihren fast ewigen Kanzler in die Wüste geschickt haben!« sollte etwa die Neue Zürcher Zeitung schreiben. Aber von dem allem wollte Gerhard Schröder um halb vier noch nichts wissen.

Schon am Vorabend bei einem Essen, das seine Sekretärin Doris Scheibe ihm und seinem engsten Kreis hoch über den Dächern von Hannover gab, weil keiner beim Bombenhagel gern allein im Bunker sitzt, schon da war ihm das Reden schwergefallen, auch das freche Grinsen. Jener kulinarische »Piemonteser Abend« – also nicht, wie das Klischee es will: Toskana – war ein wehmütiger Abschied von Hannover. Wenn Schröder jetzt geht, so empfanden es die, die zurückblieben, die lange mit ihm gearbeitet hatten und nun mit ihm beim Essen saßen, dann geht auch der Glanz. Dann fällt das Land in die Zeit von Braunkohl und Pinkel zurück. Werbemann Michael Kronacher war dabei, Kanzleichef Frank-Walter Steinmeier, der Kanzleramtschef werden sollte, der treue Gerd Andres, einst Chef des mächtigen rechten Seeheimer Kreises und künftiger Staatsminister im Kanzleramt, und Lotto-Chef Reinhard Scheibe. Der kochte viergängig.

Vom Balkon aus sahen sie, wie sich ganz hinten am Schützenplatz ein illuminiertes Riesenrad in der klaren Nacht drehte. Für einen Moment schien Schröder ganz gerührt. Dann kippte er den Champagner in einem Sturz hinunter, umarmte seine Sekretärin lange und herzlich und flachste: »Das mit dem Riesenrad wär' doch nicht nötig gewesen.«

Darauf zu warten, ob man endlich sein Lebensziel erreicht oder ob alles mit einem gewaltigen Knall im Schutt versinkt, ist ungefähr so, als warte man auf eine gewaltige Bombardierung. Nicht, daß er Angst hatte, aber seine sonst so siegesbewußten Augen hatten nun doch etwas furchtsam Nervöses um die Pupillen. Es war noch früh, als die Schröders die Party verließen. Ein Anruf Manfred Güllners hatte ihnen die Stimmung am Ende leicht verhagelt: Die Grünen würden es »vielleicht nicht über die fünf Prozent« schaffen, machte der Forsa-Chef den Hiob. »Sollt ihr sehen«, unkte Schröder, »am Ende gewinnen wir zwar, aber die andern regieren weiter.«

Dann kam der Sonntag, und wie immer hielt er es nach dem Auftritt an der Wahlurne nicht zu Hause im kleinen Kreis aus. Sie sind zum Essen gegangen mit Freunden, dann endlich startete der Flieger ins Rheinland, und als er landete, hatte Schröder die Wahl schon gewonnen. »Gerd, du kannst ruhiger werden.«

Er stürmte in seinem neuen »Ermengildo Zegna«-Anzug, den er am Samstag zuvor noch in Hannovers »Hemdenstube« gekauft hatte, ins Ollenhauer-Haus und tigerte dort ruhelos über den Flur, wie ein werdender Vater auf dem Gang vor dem Kreißsaal. Doris Schröder-Köpf saß im schwarzen Kostüm bei den anderen. Sie sei vor zwei Wochen nervös geworden, erzählte sie, als Schröders Büromanagerin Sigrid Krampitz sie fragte, was es an jenem Nachmittag zu essen geben solle in der Baracke. »Da ist mir mulmig geworden, weil es langsam ernst wurde.« Jetzt war sie ruhig, wie immer, wenn sie mitten im Taifun saß. Manchmal zog sie seine Bahnen auf dem Barackenflur mit. Ganz in sich versunken rauchte Schröder dann die erste Zigarre. Und sagte kein Wort.

Vielleicht erinnerte er sich daran, wie er bei der Bundestagswahl vor vier Jahren laut und hemdsärmelig hier rumgeflitzt war, als die Prognosen Schiffsschaukel spielten und

Rudolf Scharping noch Kandidat der SPD war: »Wir müssen die Regierung jagen«, versuchte er Koalitionen zu konstruieren, große, kleine, bunte. Aber dann hatte es doch gerade so eben einmal wieder für den Kanzler gereicht. Und die Genossen hatten Kohl auch gar nicht wirklich jagen wollen. An diesem 27. September würde er entscheiden können, wie er wollte.

Das Ehepaar Rau war inzwischen eingetroffen, Rudolf Scharping, Bodo Hombach und Wolfgang Clement. Fraktionsgeschäftsführer Peter Struck wanderte mit der Pfeife durch die Pressepulks vor der streng bewachten Glastür, Renate Schmidt und Oskar Lafontaine warteten dahinter in ihren Zimmern. Nur Heidi Wieczorek-Zeul quietschte vergnügt über Schröders Flur, als wäre die Wahl schon gewonnen. Und die Schminkmädchen in einem zur Maske umfunktionierten Büro mopsten sich, weil zu dieser Zeit noch niemand ein fernsehgerechtes Make-up von ihnen wollte. Zwei Stunden lang erschien die Luft in den fensterlosen Barackengängen wie zu lange angehalten und dann herausgepreßt. Schröders Bodyguards standen Spalier vorm einzigen Fernseher und ließen ihn nicht aus den Augen. Keine Luftschlangen, keine Böller, keine Feierlaune. »Furchtbar«, sagte Schröder, »jetzt kann man nichts mehr machen.« Da war es noch eine halbe Stunde bis zum Sieg.

Über vierzig Prozent – er hat es gehofft, aber nicht geglaubt. Nicht jedenfalls, bis er endlich in Münteferings Büro zu den ersten ZDF-Prognosen um sechs auch die erste Flasche Veuve Cliquot knackte und seine Frau küßte. Aber auch da noch wirkte er, wenn man genau hinsah, nicht wie ein Sieger. Auch da noch war er seltsam blaß und starr. Noch spät in der Nacht ist ihm, wenn er es ehrlich zugeben soll, nicht klar, daß end-

lich passiert ist, was er sein Leben lang gewollt hatte. »Ich faß'
es nicht«, sagt er. Da ist es halb zwölf.

»Ich habe den ganzen Tag gezittert«, ruft er nach den Hochrechnungen vor der Baracke ins Mikrofon. Und die von unten
brüllen zurück: »Rotgrün, rotgrün«. Wie 1990 in Hannover,
als er das erste Mal Ministerpräsident geworden war. Er verstand sie nicht dort oben auf der Tribüne, oder wollte sie nicht
verstehen. »Was wir jetzt brauchen«, ruft er der Menge zu,
»ist Leidenschaft, aber auch einen kühlen Kopf.« Er will nicht
voreilig sein. Aber da war ihm schon klar, daß er die Leidenschaft überwiegen lassen würde, daß er – wie 1990 in Niedersachsen – das Abenteuer mit den Grünen wagen würde. Und
zwar mit Lust.

Der Sohn der Putzfrau ist Kanzler geworden! Der Mann,
dessen Leben von Fallada erdacht, von Fassbinder gefilmt hätte sein können: Gerhard Schröder, das Tagelöhnerkind, wird
siebter Bundeskanzler der Bundesrepublik Deutschland. Er
nimmt die Gratulationen von Jacques Chirac, von Tony Blair
und Clinton wie in Trance entgegen. Absolviert Interview um
Interview mit kühler Professionalität, freundlicher Arroganz
und einer Verbeugung vor dem Vorgänger und dessen Würde
in der Niederlage.

Dieser Sieg, der war ihm überlebenswichtig. Denn der Sieg
war mehr als ein historischer – das erste Ablösen einer Regierung durch Wahlen. War mehr als ein numerischer – mehr
Stimmen als alle anderen. War auch mehr als einer der Sozialdemokraten. Es war seiner. Sein Sieg ganz allein. Er, der Out-
sider von Geburt, der Desperado von Natur, das Schmuddelkind der Partei, immer hatten sie ihn wegsperren wollen. Und
nun war ausgerechnet er an allen vorbeigezogen, ins Zentrum
der Macht. Ausgerechnet er hat endlich gekriegt, was er im-

mer haben wollte: die Macht am »Haben und Sagen«. Er wird sie sich von niemandem mehr nehmen lassen und mit niemandem teilen. Und wenn er der isolierteste, der einsamste Kanzler aller Zeiten werden würde. Es sei nicht um Inhalte gegangen, haben sie ihm vorgeworfen, nicht um Themen; nicht um die Neuerfindung von Politik. Es sei bloß um Kohl oder Schröder gegangen. Das stimmt. Und nun ist eben Schröder.

Endlich sind die Loopings der letzten Wochen vorüber. Die Bocksprünge der Politbarometer, das Beklatschtwerden am Morgen und Ausgebuhtwerden am Abend. Vergessen das Wahldebakel in Bayern an einem Tag und das Wahlgeschenk der CDU-Ministerin Nolte (»Natürlich wird es nach der Wahl eine Mehrwertsteuererhöhung geben«) am anderen. Abgehakt die ungelenken Versuche seines designierten Wirtschaftsministers Jost Stollmann, in den Medien Fuß zu fassen. Vergessen auch die kleinen, widrigen Papierchen, mit denen die Partei ihn aus der Mitte auf ihren Kurs zwingen wollte. Jetzt ist Schröder. Und der hat sich ein Pokerface antrainiert für die Wetterwechsel des Lebens. Dafür, wenn sie ihn wieder einen genialen Schauspieler nennen, einen Opportunisten, einen Luftverkäufer. Es ärgert ihn, aber es verletzt ihn nicht mehr. Denn das Verletzt-werden-können hat er sich weitgehend abgewöhnt, wie auch das Schuld-bei-sich-selbst-suchen. Hätte er die Wahl vergeigt, wären andere schuld gewesen.

Die »vortreffliche Wahlkampfleitung« zum Beispiel, die Kampa, das Wetter. Oder die Bayern. Dort wollten die Genossen sogar noch einmal die Bilder, die ihn mit Wahl-Verliererin Renate Schmidt zeigten, in der Vorwahlwoche an die Bäume kleistern. Die dachten, das brächte ihm Stimmen. Schuld hätten aber auch die Medien sein können, die ihn –

wie sie es immer mit deutschen Stars machen – erst mit Hallelujas überschütteten, um ihn danach elegant hinzurichten. So wie sein Haussender, der NDR. Der sendete am Vorabend des Giganten-Duells im Bundestag zur Haushaltsdebatte ein so geschickt geschnittenes Fernsehporträt, daß Schröders Beraterstab fürchtete: Davon erholt sich der Kandidat bis morgen früh niemals. Sie hatten vergessen, daß Schröder über Instinkte verfügt, wie sie die Boxer haben aus den dunklen Ecken New Yorks – aufstehen und mit einem einzigen Schlag das Gefecht entscheiden. Seine Rede im Bundestag war zwar nicht groß und überraschend, und er hatte wieder einmal all seine rhetorischen Lieblinge der letzten acht Jahre hineingepackt – doch Schröder machte Bella figura. Und die Zeitungen schrieben nach dem Match, es stünde eins zu eins. Alles vergessen, alles egal.

»Wann, wenn nicht jetzt? Wo, wenn nicht hier? Wer, wenn nicht wir?« hatte er in den Tagen vor der Wahl immer in die Mikrofone gerufen, wenn er am Schluß seiner Reden angekommen war und mit heiserer Stimme den Sieg beschwor – in Hamburg oder Duisburg oder Berlin. Diese Terz war zwar nicht von ihm, sie stammte von Rio Reiser, dem Sänger. Aber er hatte den pathetischen Dreiklang, der zugleich das Motto der »Autonomen Tierschützer« ist, übernommen. Es gab keinen besseren Schlußabbinder in diesen Tagen, keinen aufwühlenderen.

Doch was, was eigentlich kommt jetzt und hier? »Das Bündnis für Arbeit«, sagt Schröder in allen Interviews, die er noch am Wahlabend gibt, »das kommt als erstes«. Er hat vor der Wahl ein Start-Programm vorgestellt, mit dem will er loslegen. Darin ist erst einmal die 100-Tage-Politik für die kleinen Leute. Der Rest kommt später. Euphorie, Parteitag, Berlin-

Umzug, EU-Präsidentschaft, Europa-Wahlkampf, Reformen und »der Umbau der Systeme«.

Es war weit nach Mitternacht, als Schröder endlich zu seinen Freunden in den Friesenkeller kam. Er hatte mit Joschka Fischer gesprochen, mit den Vorstandssprechern der Grünen, mit BDI-Chef Hans-Olaf Henkel und Helmut Thoma von RTL. Nach und nach war das gesamte Schatten-Kabinett in seinen Partykeller unter der Landesvertretung eingetröpfelt: Naumann, Stollmann, Bulmahn, Bergmann, Schily, Riester und Madame Sauzay, die Frau fürs Deutsch-Französische. Es gab Gulaschsuppe, Landjäger, Tratsch und Jever. Eine Party, wie von Schröders bodenständiger Mutter gemacht. Manche erinnerten sich, wie es damals war, als Willy Brandt der Adenauer-Ära (und Erhard und Kiesinger) 1972 mit seinem sozialdemokratischen Sieg ein Ende machte. Da hätten die Menschen nachts noch vor dessen Wohnhaus gestanden und gefeiert. Und Willy Brandt saß drinnen im Sessel, kraulte den Kopf seines Hundes, und ließ den Leuten Getränke hinaus bringen. Aber das war eine andere Zeit.

Zur Wahlparty im Friesenkeller hatte jemand eine »Ballermann«-CD mitgebracht, und als Schröder kam, sang Götz von Fromberg, Schröders Anwalt aus Hannover, laut, aber einsam: »So sehen Sieger aus!« Keiner von den Politikern und den Politikern in spe wollte mitsingen. Daß sie soeben die Ära Kohl beendet und die Bonner Republik ausgeläutet hatten – es schien ein bißchen so, als sei allen der Gedanke daran noch viel zu groß, zu vermessen, zu ungehörig, um ihn überhaupt zu wagen. Nur einem nicht.

Als Schröder durch die Tür in den verräucherten Raum kam, da war er abgekämpfter Held, verschwitzter Sieger. Sein ganzes politisches Leben lang hatte er mit höchstem Einsatz

Ganz Kinn und Nase: Gerhard Schröder muß immer wieder hinsehen, sonst kann er seinen Sieg nicht glauben.

Ganz entspannt in einem zweisamen Moment: das neue Regierungs-Paar bei der Stehparty in der Landesvertretung.

17

gespielt – jetzt hat er den Jackpot geknackt. Das hat ihm keiner vorgemacht, und es wird ihm so schnell keiner nachmachen können. Denn Schröders Karriere von den Barfuß-Wiesen des Lipperlandes bis aufs Parkett der großen Politik, dieser Aufstieg ist einzigartig.

Als Schröder in der Nacht des 27. September 1998 durch die Tür kam, da war er Souverän und Kanzler. So als wäre er sein ganzes Leben lang nie etwas anderes gewesen.

»Gute Zeiten, schlechte Zeiten«
Erste Begegnung

Ich weiß nicht, wann ich bei Gerhard Schröder zum ersten
Mal das sah, was Norman Mailer »die magischen Augen des
Sieges« nennt.
Bei unserer allerersten Begegnung jedenfalls, im März 1990,
saß da bloß ein kleiner, bedrückter Mann in einer Art Abstell-
kammer des Landtags von Hannover und stierte auf seinen
Schreibtisch. Ein schmaler Raum irgendwo im Erdgeschoß.
Dunkel, oder vielleicht kam er mir auch nur dunkel vor, weil
hier jemand seinen düsteren Gedanken nachhing. Kein Sieger,
kein schillernder Hoffnungsträger, kein Kanzler. Ein Mann
in kariertem Stoff, der gerade vom CDU-Fraktionschef mit
Dreck beworfen worden war, dachte ich. Ein schüchterner
und verletzlicher Mittvierziger. Einer, der litt, weil an diesem
Tag sein Allerprivatestes in die Wahlschlacht gezerrt worden
war: Jürgen Gansäuer hatte Schröders Familie beschmutzt.
So ein Sensibelchen wie Schröder kam mir gerade recht.
Denn das Porträt über den Herausforderer des Ministerpräsidenten Ernst Albrecht war die erste Politik-Geschichte, die
ich für den STERN schrieb, die erste von über 30 Schröder-
Reportagen in acht Jahren. Ich glaubte in jenem Moment, ich
hätte es mit einer Figur zu tun, die so gar nichts gemein hatte
mit den gezirkelten Schlips-und-Anzug-Politikern, die man

aus dem Fernsehen kannte. Man sah schon damals seinen Augen an, daß ihm einiges im Leben schmerzlich schiefgegangen, anderes aber auch geglückt war. Schröder war der erste über Orts- und Landesgrenzen hinaus bekannte Politiker, den ich traf. Und er machte mir das Debüt leicht.

Damit das STERN-Team morgens pünktlich mit ihm zur Wahlkampftour starten konnte, überredete er seine Nachbarn in Immensen, dem Dorf, in dem er lebte, dem Fotografen Hanns-Jörg Anders und mir für einige Nächte ihre Schlafzimmer zu überlassen, »wunderbare Elternschlafzimmer«, spottete Schröder: Tagesdecke, Schminkkommode und Paradekissen. So donnerten wir mit seinem VW-Bus morgens durch Niedersachsen. Immensen, Meppen, Papenburg, Emden, Immensen. In Westerstede plaudert er mit jungen Türkinnen, in Ostercappeln-Venne füllt sich der Landgasthof »Zum Löwen« mit alten Männern, die allesamt aussehen, als kämen sie gerade aus dem Stall. An der Raststätte Verl essen wir nachts kalte Koteletts. Jeder Ort scheint Schröder recht zu sein, um mit den Leuten ins Gespräch zu kommen, kein Mensch ist ihm lästig. Manchmal hatte es den Eindruck, als wolle er jeden einzelnen von sich persönlich überzeugen.

Auf den nächtlichen Heimfahrten sprachen wir über Issey Miake und Romeo Gigli, über Willy Brandt und Björn Engholm, über Mao, Castro, Lafontaine. Darüber, wie es ist, wenn man ohne Vater aufwächst, und darüber, wie es in seiner Mutterpartei und »unter Sozen« gelegentlich zugeht. Damals hieß es schon, er trage nur Maßanzüge. Das stimmte in gewisser Weise sogar, weil eine Freundin der Familie die Schröders zu jener Zeit preisgünstig benähte.

Manchmal hatte er ein paar Dosen Holsten-Bier unterm Sitz versteckt, und irgendwo eine Zigarre: »H. Upmann, Habana«. Der Fahrer hieß Manfred Kirschner, die Pressereferentin Birgit Stengel, und manchmal kam auch Heinz Thörmer mit, damals Büroleiter des Ministerpräsidentenkandidaten. Abends aßen wir mit seiner Familie gelegentlich im Gasthof Scheuer zu Immensen oder bei »Lino«, seinem Lieblings-Italiener in Hannover. Franca und Wiebke, die beiden Töchter von Hiltrud, kamen nur dann mit, wenn absolutes Fotografierverbot herrschte. Darin war die Familie streng, auch wenn »Gerda«, wie die drei ihren Schröder nannten, gelegentlich gern für Zeitschriften mit den fotogenen Töchtern posiert hätte. Zu sagen traute er sich das nicht. Er sah ein, widerwillig zwar, daß die Schülerinnen nicht für die Politik des Stiefvaters in die Öffentlichkeit gezerrt werden wollten.

Abgesehen von einer Wahlkampfreise, die ich im Sommer '96 mit Tony Blair durch dessen Wahlkreis Sedgefield im Osten Englands machte – zwei kleine Fords, keine Bodyguards, keine anderen Journalisten, und am Ende stand Mister Blair barfuß in seiner Küche in Trimdon und kochte Tee für uns –, abgesehen davon waren jene Tage mit Schröder die spannendsten, weil sie so ehrlich waren, für Politikerverhältnisse jedenfalls.

Die Geschichte, die damals über ihn im STERN erschien, trug den Titel: »Der ewige Enkel«, und als Motto war ihr ein Tucholsky-Motto vorangestellt:

»Uns imponieren schrecklich die enormen
Zigarren, Autos und die Umgangsformen –
Man ist ja schließlich doch kein Bolschewist. (...)
Skatbrüder sind wir, die den Marx gelesen.
Wir sind noch nie soweit entfernt gewesen,
von jener Bahn, die uns geführt Lassall«

Damals wußte ich noch nicht, daß Schröder nie wirklich Marx gelesen hatte. Er mochte das Stück nicht sonderlich, den Titel nicht und das Motto schon gar nicht. Er wollte kein »Enkel« sein, solche Etiketten fand er schädlich. Die Wahl am 13. Mai 1990 gewann er trotzdem. Plötzlich war er Ministerpräsident, wenn auch in einer Koalition mit den Grünen. Und wenige Tage später schenkte er mir, wie vielen anderen auch, eine Radierung des Malers Uwe Bremer, den er verehrt. Sie zeigte den Niedersachsen-Gaul, wie er am gedeckten Tisch sitzt, vor allerlei Apokryphen und Hieroglyphen. Auf der Rückseite steckte eine kleine Karte von Schröder: »Sie haben mir Glück gebracht, Mai 1990, Ihr Gerd Schröder«.

Gute Zeiten, schlechte Zeiten. Am 13. Juni 1993, dem »Tag des Ortsvereins«, jener Mitgliederbefragung, die den SPD-Bundesvorsitzenden ermitteln sollte, nahm er mich nach seiner Rede in Düsseldorf im Auto mit nach Hannover. Es hatte unter den Journalisten viele Bewerber für die Rückfahrt gegeben, aber ich hatte das Glückslos gezogen, wie ich damals glaubte. In der Staatskanzlei warteten wir auf die Hochrechnungen, und am Ende des langen Tages gehörte auch ich zu denen, die Schuld daran trugen, daß er schließlich verloren hatte. Er kann einem mit großer Höflichkeit und sehr kleinen Sätzen hart an die Kehle gehen. Ich hatte ihm Pech gebracht.

Bei Schröder ist man mal hui und mal pfui. Wie bei allen Politikern. Die Trennungsgeschichte, die im März '96 im STERN erschien, war »fair«, die Geschichte über seinen »Rosenkrieg« im Sommer '97 war »unfair«. Mal ruft er auf Reportagereisen (zum VW-Werk Mosel/Leipzig) nachts um zwei im Hotelzimmer an, mit verstellter Chefredakteurs-Stimme, und befiehlt: »Kommen Sie sofort mit Ihrem Text an die Hotel-Bar!« Dann wieder gibt`s um die Ohren. Auf seiner

zehntägigen Bildungsreise durch Amerika im Jahr 1997 ist die
STERN-Reportage über ihn, Bill Gates und seine anderen
Gesprächspartner zwischen San Francisco und Detroit schon
erschienen, als wir gerade in New York ankommen. »Was
ham'Se denn da wieder fürn Scheiß geschrieben?« pflaumt er
mich im feinen Hotel »The Pierre« zwischen Tür und Türste-
her an, so daß die Umstehenden zusammenzucken. Und ich
auch.

Wenn er gerade oben ist, straft er uns durch Nichtbeachten.
Wenn er unten ist, bietet er uns das Du an. Manchmal wird er
sich der Gefahr bewußt, in die er sich begibt, wenn er Reportern zu großen Einblick in sein Innerstes gewährt, zuviel Privates von sich gibt. Er reagiert dann schroff. Oder produziert
sich in geselligen Runden ungeniert mit Privatem, das er wie-
derum über Journalisten weiß: Der trinkt. Der betrügt seine
Frau. Die betrügt ihren Mann. Wie alle Politiker benutzt er
Journalisten und Fotografen nach Laune und wie sie ihm zu-
paß kommen. Da macht er keine Ausnahme. Und alle, die
lange mit ihm zu tun haben, sind inzwischen daran gewöhnt.

Was also ist es, das ihn trotzdem interessanter macht als die
meisten anderen? Ist es seine »Ein-Mann-will-nach-oben«-
Biographie? Ist es die Mischung aus Rabaukerei und Sensibi-
lität? Vielleicht ist es diese Stärke, der Turgor, mit dem er sich
immer wieder wie ein Pilz durch den Asphalt nach oben ge-
sprengt hat. Vielleicht sind es die vielen Brüche, die es in seinem Charakter gibt, auch die vielen Widersprüche, die sein
ganzes politisches Leben begleiten. Und die Aufs und Abs.
Keinem anderen Politiker hat das Leben in den acht Jahren, in
denen ich ihn aus nächster Nähe beobachten konnte, so viele
Niederlagen beschert wie Gerhard Schröder. Und kein anderer wurde für das Immer-wieder-Aufstehen mit so viel Erfolg

belohnt wie er. Vielleicht auch haben gerade die Schwächen, die er so schlecht hinter seiner Politiker-Fassade verbergen kann, Journalisten von Anfang an auf ihn aufmerksam gemacht. Und angezogen.

»Und obwohl er im jetzigen Stadium seiner Karriere auch nicht gerade auf ein Panorama klug berechneter, gigantischer Erfolge zurückblicken konnte, so war es ihm doch ein Trost in jenen Stunden, daß er wenigstens eine Figur aus einem Roman von Balzac sein konnte – einen Tag gewinnen, den anderen verlieren, und alles mit einem Bums!« Das einzige, was an dieser Passage aus Norman Mailers berühmtem Roman »Heere aus der Nacht« nicht auf Schröder zutrifft, ist, daß er sich je wie eine Figur von Honoré de Balzac gefühlt haben könnte. Denn »Glanz und Elend der Kurtisanen« hat er gewiß nie gelesen.

»Warum hamse denn nich mal aufgeschrieben, wie wir beide beim Papst war'n?« Stimmt, warum habe ich nie davon erzählt, wie ergriffen wir beide damals vor »Seiner Heiligkeit« knieten und dienerten?

»Ich bin bereit«

Gerhard Schröder
schnappt sich die Schürzenzipfel der Macht

Manchmal ist es unerträglich. Man ruft in der Pressestelle der Niedersächsischen Staatskanzlei an, an einem gewöhnlichen Freitagnachmittag im Sommer etwa, und will wissen, wie die Stimmung ist. Gerade hat Helmut Kohls Wahlkampf-Waffe Hans-Hermann Tiedje, ein abgekörtes Springer-Roß, eine ganzseitige Anzeige in Tageszeitungen plaziert: ein Schröder im Laufschritt und drunter der Slogan: »Hoppla, jetzt kommt – nichts«. Und man denkt, in der Hannoveraner Staatskanzlei müsse große Aufregung herrschen.

Es ist dann beispielsweise Regierungssprecher Uwe-Karsten Heye am Telefon, ein Mann, so erdverwachsen und sturmfest wie das Land, in dem er lebt. Die Ruhe, mit der er inmitten von Taifunen wirkt, hat ihm gelegentlich den Spitznamen »Der weise Heye« eingetragen. Er holt tief Luft und läßt sie langsam durch die Stimmbänder entweichen: »Wie soll die Stimmung sein? Politbarometer: prima, Umfragen: wunderbar. Bisher keine Katastrophen und Einbrüche.« Das Ganze kommt in einem Lee-Marvin-Timbre.

»Mit lockerem Antritt« nennen es die Leute aus der Pressestelle, wenn sie Schröders Termine planen im Wahljahr '98. Keine Hektik, bloß keinen Übereifer. »Ich stelle fest, wir haben noch keine Fehler gemacht«, sagt Heye. Geht es hier um die Wahl zum Heidekönig? Reicht es, daß Schröder morgens den Vorsitzenden der Evangelischen Kirche Deutschlands empfängt und nachmittags das Felix-Nussbaum-Haus in Osnabrück einweiht? Daß er morgens Gattin Doris zur Schiffstaufe nach Emden begleitet und nachmittags Boris Jelzin auf dem Petersberg empfängt? Offensichtlich reicht es für Schröder. Er kann machen, was er will, in seinem Sommer. In den Umfragen liegt er 30 Prozentpunkte vor Kohl. Und wer will es dem Team Schröder da verdenken, daß es sich so sehr ans wohlige Bad in den Zahlen gewöhnt hat? Daß der Kanzler in spe schon jetzt viel lieber winkt als kämpft?

Es hat den Anschein, als sei Schröders Stern an jenem 1. März, dem Tag seines Wahlsiegs in Niedersachsen, komplett in die Sonne gerutscht. Alles glückt ihm. Alles gelingt. Ihm scheint auf einmal auch die Realisierung seines Lebenstraums fühlbar nah – der Wechsel aus der Staatskanzlei ins Kanzleramt. Sieben Monate liegen noch vor ihm, 209 Tage Arbeit, Kampf und Härten. Täglich beherrscht er mit irgendwas die Titelseiten der Zeitungen. Als hätte Tony Blairs genialer Wahlkampfmanager, Peter Mandelson, die Regie für die Schröder-Tour übernommen: jeden Tag eine gute Tat, jeden Tag das Thema vorgeben und zusehen, wie der Gegner hinterherhechelt. Tatsächlich haben sich die Niedersachsen nicht gerade wenige Anregungen vom Winner-Team aus London geholt. Mandelson ist von der Themse an die Leine gereist, um die Schröder-Truppe zu beraten. Das hatten die beiden bei einer Veranstaltung der Flemings-Bank in London schon im Oktober 1997 vereinbart.

Nach der gewonnenen Niedersachsen-Wahl im Frühjahr '98 lösen sich die Herren in Kanzleramt und Adenauer-Haus nur schwer aus ihrem Post-Wahl-Koma. Dann verfolgen die Granden der CDU und ihr angeschlagener Kanzler Kohl neidisch, mit welch schlafwandlerischer Sicherheit der neue Kanzler-Kandidat – der fünfte, den die SPD ihnen serviert – durch die Medienlandschaft flaniert. »Was nun, Herr Schröder?«, »Tach, Frau Schrowange«, »Guten Abend, Herr Wikkert«, »Auf Wiedersehen, Frau Christiansen« – kein Thema, keine Talkshow in den ersten Tagen nach der Wahl ohne eine Live-Zuschaltung Schröders. Die ARD beauftragt die Dokumentarfilmer Thomas Schadt und Peter Schmidt, eine Langzeitbeobachtung zu drehen. »Der Kandidat« soll der Film heißen. ZDF und Arte teilen sich die Ausgaben für ein umfangreiches Filmdokument und engagieren dafür Roger Willemsen. Der amerikanische Kabelsender CNN interviewt den Kandidaten, die großen Foto-Agenturen aus Paris, Gamma und Sipa, schicken ihm zeitweise ihre hartnäckigsten Paparazzi auf den Hals. The Economist, Wall Street Journal, Time Magazine berichten zum Teil mit Titelgeschichten. Der »New Yorker« schickt Jane Kramer, die Grande-Dame des amerikanischen Journalismus. Und den Meisterfotografen Helmut Newton. Daß in Deutschland eine Wahl bevorsteht, das haben die Chefredakteure und Artdirectoren der Zeitschrift zwar mitbekommen, aber wann und wie – das scheint sie nicht zu interessieren. »Irgendwann im Herbst, Ende September oder Oktober« solle die Geschichte über die beiden deutschen Polit-Matadoren im Wahlkampf erscheinen. Daß die Wahl dann schon gelaufen ist, das finden sie »sehr interessant«, aber erst einmal nicht weiter beachtenswert. (Die Reportage über »Europe's Mr. Clintonblair« erscheint dann doch gerade noch rechtzeitig in der September-Ausgabe des Heftes. Der Titel: »The once and future Chancellor«)

Viele in Schröders Umgebung empfinden den plötzlichen Stimmungsumschwung geradezu als beängstigend. Und in den Redaktionskonferenzen der großen Magazine und Zeitungen wird der Kandidat fast zu Tode geliebt – als Thema, als Interviewpartner. »Schröder-Festivals« auf Doppelseiten in STERN, Spiegel, Woche, Zeit und Focus, Porträts und Psychogramme am laufenden Band. »Couch-Journalismus« nennen das altgediente Bonner Spiegel-Redakteure angewidert. Jeder weiß, die hätten lieber Oskar Lafontaine an die Rampe geschoben.

Schröders langjähriger Pressesprecher Uwe-Karsten Heye muß deshalb nach der Niedersachsen-Wahl für einige Tage in den Urlaub verschwinden. Ihm sei ganz schwindelig geworden von all den Anrufen und Glückwunschadressen, sagt er. Er fasse es nicht, wer auf einmal alles Freund ist, wer in all den Jahren zuvor »eigentlich nur immer falsch verstanden« worden war. Ausgewiesene Lafontaine-Fans verordneten sich Gehirnwäschen. Schäuble-Anhänger wollten nun auf Schröders Schoß. Ja, ihm sei ganz mulmig vom Lärm der Claqueure, klagt Heye. Und Schröder selbst nimmt die Saulus-Paulus-Reaktionen in seiner Umgebung nur mit allfälligem Grinsen zur Kenntnis und läßt sich weiter feiern.

Auf einmal fällt allen die Anekdote ein, wie Helmut Kohl einmal am Rande der Hannover-Messe auf einen Bierdeckel schrieb: »Schröder wartet bis '98«. Den Bierdeckel soll eine der anwesenden Damen als Souvenir bis heute versteckt halten. Und, hat er nicht artig gewartet, wie Kohl es ihm auftrug? Doch nun, im Jahr 1998, stehen Kohls Truppen wie paralysiert vor dem Angstgegner Schröder. Keinem, auch nicht dem Kanzler, fällt auf Anhieb ein, wie man den Niedersachsen noch stoppen könnte. So läßt sich manch einer aus Not zu persönlichen Attacken hinreißen. Und einer der Medienberater Kohls nimmt am Rande einer Moskau-Reise in der Hotel-Bar einige Journalisten zur Seite und fordert sie auf, »bei der Doris mal zu recherchieren«.

Gerhard Schröder rechnet fest damit, daß sein Privatleben als Wahlkampfthema ins Feld geführt wird, daß die CDU bereits Dossiers über ihn und seine Frau in den Schubladen unter Verschluß hält. Er hatte es im Niedersachsen-Wahlkampf gerade auf den Plakaten der F.D.P. erlebt. Dort war deren Kandidat, Michael Goldmann, mit einem winzigen Schröder-Porträt am unteren Bildrand und dem Slogan »Er geht mit Köpf...« ins Rennen gezogen und seiner eigenen Nahaufnahme mit dem Satz: »...und er kommt mit Köpfchen«. Davon hat sich dann allerdings selbst der Parteivorstand der F.D.P. distanziert.

CDU-Parteigeneral Peter Hintze, ein gelernter Pfarrer, nennt Schröder »das politisch unmoralischste Angebot«, das je zu einer Wahl gestellt worden sei. CDU-Fraktionschef Wolfgang Schäuble schwäbelt über den SPD-Kanzlerkandidaten: »Er ist für mich eine taube Nuß. Innen hohl, ohne Inhalt.« Finanzminister Theo Waigel derbleckt eine Etage tiefer: »Der ist keine Wundertüte, sondern eine ziemlich tote Hose.« Nur Verteidigungsminister Volker Rühe hält sich mit Schmähungen auffallend bedeckt.

Es gibt gewiß viele Erklärungen, warum Helmut Kohl den Niedersachsen Gerhard Schröder zu Recht als den gefährlichsten Herausforderer empfand, den er je gehabt hatte. Die simpelste, doch vielleicht auch die zutreffendste mag sein, daß er spürte, wie ähnlich ihm Schröder war und ist. Und es ist leichter, das zu bekämpfen, was anders ist. Das klingt wenig schmeichelhaft für einen neuen Kanzler, daß ausgerechnet er dem alten, den er besiegt hat, so verdammt ähnelt. Aber so ist es nun einmal.

»Können Sie mir den exakten Zeitpunkt benennen, an dem klar wurde, daß er Kanzler werden wollte?« fragt der Kohl-Biograph Klaus Dreher, früherer Bonner Korrespondent der Süddeutschen Zeitung, den langjährigen Pressesprecher Kohls, Hanns Schreiner. »Den kenne ich nicht«, sagt Schreiner. »Aber ich bin sicher: In dem Augenblick, in dem er Ministerpräsident geworden war, war für ihn klar, daß er auch Bundeskanzler werden würde. Eher noch früher.«

Es ist die gleiche Hefe, die beide Politiker von frühauf treibt: Machthunger, Siegeswillen, Rauflust. Beide sind taktische Naturtalente, »political animals«, wie Erhard Eppler einst über Schröder schrieb. Beide haben Durchsetzungswillen und Durchsetzungsvermögen. »Kohl war eben einer, dem man zutraute, das Gedankengut, das in vielen Köpfen vorhanden war, nicht nur aufzunehmen, sondern es möglicherweise auch verwirklichen zu können«, sagt Pressesprecher Schreiner über Kohl, »er war jung, geradeaus, auch ein bißchen bullig.« Er hätte dasselbe auch über Gerhard Schröder sagen können. »Unter all den Untypen, die hier bei uns rumlaufen, endlich einer, der draußen ankommt«, zitierte der STERN-Autor Heiko Gebhardt bereits 1979 einen Genossen Schröders aus dem Hannoverschen Landtag, »vielleicht können wir mit dem mal den Albrecht kippen.« Damals war Schröder 34.

Im Grunde versammeln sich in Schröders Persönlichkeit all jene Charaktermerkmale, die Kohl schätzt, all jene, die seine eigenen sind. Kampfgeist und Intuition zum Beispiel, Pragmatismus, Mut und ein Schuß Sentimentalität. Beide pflegen einen ähnlichen Redestil, wirken verkrampft, wenn sie ablesen sollen. Sie orientieren sich lieber an ihren lange abgespeicherten Textbausteinen, an Klischees, die sie jahrelang mit sich führen, wie alte Fiber-Koffer.

»Er hatte eine Art zu reden«, sagt Schreiner über Helmut Kohl, »die man nicht aufschreiben kann. Sie kommt im Augenblick an und wird von den Zuhörern verstanden, weil dahinter ein ungeheurer Wille und eine politische Kraft, auch eine emotionsgeladene Dringlichkeit stecken.« So ist es auch bei seinem Nachfolger. Da, wo Schröder von der Kriegerwitwe und ihrer kleinen Rente erzählen kann – einer Frau wie seiner Mutter, die fünf Kinder großzog und zwei Ehemänner überlebte. Wenn er so spricht, daß man den Geruch ihrer geblümten Küche samt dem Käsekuchen im Backofen in der Nase zu haben glaubt, dann packt er seine Zuhörer, und nur dann.

Beide – Kohl wie Schröder – sind, als sie sich einmal entschieden hatten, Berufspolitiker zu sein, nach ein und dem gleichen Motto durch die politischen Institutionen ihrer Parteien marschiert: »Es ist besser, um Vergebung zu bitten als um Erlaubnis.« Und beide haben die Härten dieser Methode zu spüren bekommen.

So ist sicher, daß der 14 Jahre ältere Helmut Kohl es leichter mit seinem Herausforderer gehabt hätte, wenn der ihn wenigstens attackiert hätte. Wenn er ihm Angriffsfläche geboten hätte, rhetorisch und inhaltlich. Doch Schröder ließ sich auf das Spiel der Schäubles und Hintzes nicht ein. Nein, bei jeder Gelegenheit lobte er die Verdienste des »großen Europäers«, des »Kanzlers der Einheit« – und erinnerte meistens nur fein, aber maliziös daran, daß es nun genug sei mit dem ausgedienten Kohl: »Danke Helmut, aber jetzt reicht's uns wirklich!« Ihm und seinen Leuten traue niemand mehr zu, das Neue zu kreieren. Oder, wie Schröder lieber sagt, »das Innovative«. Helmut Kohl spricht prompt vom »charakterlosesten Herausforderer«, den er je gehabt habe. Es ist schwer, ausgerechnet gegen einen Gegner zu verlieren, der einem selbst so nah ist.

Der Kanzlerkandidat der SPD nimmt die Angriffe der CDU nach außen gelassen: »Übrigens« – lange Pause – »diese sehr persönlichen Attacken, die sich diese Kohls und Schäubles leisten«, sagt Gerhard Schröder im Mai auf einem SPD-Parteitag der Nordrhein-Westfalen, »nehmt die nicht so ernst. Das ist ein Zeichen von Angst. Es ist das Verhalten kleiner Jungen, die in den dunklen Keller geschickt werden, um Kohlen zu holen – und dabei pfeifen.« Kurz und gut: Schröder ist nicht einzuschüchtern. Von denen nicht, und nicht vom Gedanken, er könne scheitern. Denn Scheitern war für den Politiker noch nie »eine gefährliche Kategorie...«, so eine von Schröders Devisen, »jedenfalls dann nicht, wenn man es mit Schmackes macht«. Selbst von den Zögerlichen in Schröders Team zögert niemand, in die Wahlkampfschlacht zu ziehen. Das Motto lautet diesmal: Mit vollen Hosen ist gut stinken. Und dazu lächeln. Immer nur lächeln.

Von Schröders nachgerückter Hochzeitsfeier am 7. März im Saal des Hannoverschen Hotels »Grüner Pelikan« berichtet der Norddeutsche Rundfunk anderntags, als wär's die Oscar-Verleihung gewesen. Die Chefredakteure der großen Blätter dürfen bei der Ankunft Statements abgeben. Scorpions-Sänger Klaus Meine, Schröders Tennis-Kumpel, sein Anwalt Götz von Fromberg, Ferdinand Piëch und ausgesuchtes Medien- und Partei-Personal delektierten sich am bayerisch-niedersächsischen Büffet, so referiert am nächsten Tag »Bild am Sonntag«. Deren Chefredakteur war auch mit von der Partie. Und Ulrich Wickert wollte partout nicht verraten, was in dem großen Geschenkpaket steckte, das er überreicht hatte. Schröder-Gattin Doris Köpf machte gute Miene zum bösen Spiel, als ihr Ex-Chef, Focus-Mann Helmut Markwort, mit Lebensgefährtin Patricia Riekel erschien. Die hatte als Chefredakteurin der Münchener Illustrierten »Bunte« nach der Niedersachsenwahl gerade noch Minuspunkte gesammelt. Mit einem rosaroten Titel: »Sein Sieg! Ihr Triumph über Hillu – ein Gespräch mit Doris Köpf, der Frau von Gerhard Schröder«. Niemand war bis dahin glücklicher darüber gewesen als Doris Köpf, daß Gras über die Trennung ihres Mannes von der Ex-Frau gewachsen war. Und deshalb ärgerte sie sich auch am meisten darüber, daß diesen Münchenern mit ihrem Interview nichts besseres eingefallen war, als drumherum eine Konkurrenz-Geschichte der Ex-Frauen zu konstruieren. Ausgerechnet sie, die gelernte Journalistin, hatte sich von Kollegen so reinlegen lassen!

Jedenfalls war nun heraus, daß sie sich ein Herz bewahrt hatte, für die Menschen, die gern den »Musikantenstadl« anschauen, die »brav arbeiten gehen, ihre Steuern bezahlen, die ihre Kinder ordentlich erziehen und ihnen in den Familien Geborgenheit geben«. Schöner hätte es keine Kanzlergattin sagen können. Und zumindest hatte die Frau des Kanzlers schon sehr früh allen gezeigt, daß sie »bei einer roten Zukunft keine graue Maus sein will«, wie die »Bunte« ein halbes Jahr später in einem Wiedergutmachungsartikel schrieb. »Wie groß ist ihr Einfluß?« fragt die Illustrierte und stellt Doris Schröder-Köpf in eine Reihe mit Hillary Rodham-Clinton und Cherie Booth-Blair.

Daß der Kandidat an seinem Hochzeitsfeier-Morgen auch noch mit VW-Chef Piëch im Firmenjet einen Ausflug nach England unternommen hatte, um sich bei Rolls-Royce stark zu machen für »das mittelständische Unternehmen, das ich da in Wolfsburg habe«, wie Schröder den größten Arbeitgeber seines Landes gelegentlich nennt – das alles meldeten die Blätter dann zu Beginn der darauffolgenden Woche. Die reinste Schröder-Mania. »Das Phänomen Gerhard Schröder ist das Phänomen Guildo Horn«, formuliert FDP-Generalsekretär Guido Westerwelle deshalb schmollippig. Der massen- und medienbewegende Schlagerfuzzi aus Trier hatte soeben die Vorauswahl für den Grand Prix d'Eurovision de la Chanson in Birmingham gewonnen. Der und Gerhard Schröder – ein und das gleiche Kaliber, meint Westerwelle.

In Hannover geben sich zu dieser Zeit Schröders »Kanzlerberater« die Klinke in die Hand. Bodo Hombach, der spätere NRW-Wirtschaftsminister, schreibt Reden und Konzeptionen. Manfred Güllner vom Umfrageinstitut Forsa heitert die Stimmung auf mit guten Zahlen aus der jeweils neuesten Erhebung. Denis MacShane, enger Berater von Tony Blair und einer der Köpfe der erfolgreichen New-Labour-Kampagne in England, liefert sein bewährtes Kampagnen-Material in der Staatskanzlei ab. Außerdem rät er Schröder, in einer Reihe von 26 Briefen ans Volk – an bekannte und unbekannte Personen – sein politisches Credo zu verbreiten.

Zwei Wochen nach Schröders Triumph in Hannover legt die Partei aus Bonn eine politische Top-Personalie nach und ist damit schon wieder auf allen Kanälen. Wie jeden Montag versammelt sich die Parteispitze in der Baracke, dem Ollenhauer-Haus. Der Parteivorsitzende Oskar Lafontaine und der Kandidat Schröder stellen bei einer Pressekonferenz am Mittag ihr Parteiprogramm vor. Hinter einem Pult im Treppenhaus stehend, in Stil und Anmutung die Pressekonferenzen des Weißen Hauses kopierend, referieren sie – Schröder mit roter Krawatte, Lafontaine mit grüner – das »entschieden marktwirtschaftlichste Programm, das die SPD je vorgelegt hat«. In ihrer Vagheit jedoch sind die Schröderschen Programmentwürfe zu jenem Zeitpunkt kaum zu überbieten. Schröder weiß das und kündigt an, die »Konkretisierung wird weitergehen, zu gegebener Zeit«. Nur in zwei Fällen wird der Kandidat faßbar: Die von der Union angekündigte Kürzung der Witwenrenten und die Lohnkürzung im Krankheitsfall werde die SPD nach seinem Wahlsieg im Herbst rückgängig machen. Soviel sei versprochen. Und die PDS komme bei den Wahlen am 26. April nicht in den sachsen-anhaltinischen Landtag, darauf nehme er Wetten an.

Dann kommt die Rede auf die Rücktrittsgerüchte um Johannes Rau. Der 67jährige hätte schon lange, wäre es nach Schröder und anderen Aufsteigern gegangen, den Ring für Wolfgang Clement, seinen Kronprinzen, freimachen sollen. Doch der dienstälteste Ministerpräsident fühlte sich unentbehrlich im Düsseldorfer Landtag – und von solchen Flurgerüchten schwer verletzt. Schröder zieht an jenem Montagmittag generös den Hut »vor der Lebensleistung Johannes Raus« und nimmt den Landesvater und Kohl-Herausforderer von 1987 vor den Kopfjägern aus den eigenen Reihen – Ex-Fraktionschef Friedhelm Farthmann und Co. – in Schutz.

Im nachhinein wirkt Schröders harmlose Verbeugung wie der letzte Strich der Säge. Der den Stuhl zum Kippen bringt. Es soll Johannes Rau nicht mehr vergönnt sein, sein 20jähriges Dienstjubiläum im September zu begehen. Schon im Sommer werde er das Amt des Ministerpräsidenten an Clement weiterreichen und das Amt des NRW-Vorsitzenden an Franz Müntefering, erklärt er am gleichen Abend aschfahl den Kamerateams, die vor der nordrhein-westfälischen Landesvertre-

35

tung auf ihn gewartet haben. Die Ära des Versöhners ist nach einer langen Präsidiumssitzung beendet.

Für die Beobachter im Adenauer-Haus ist dies ein weiterer Schlag. Symbolisiert doch der Rückzug des SPD-Patriarchen: Hier macht ein Endsechziger Platz für die »Jungen«. Eine neue Generation besetzt die politische Beletage.

Die Partei, der Herbert Wehner vor 16 Jahren voraussagte, daß sie genau so lange in der Opposition würde schmoren müssen, hat sich endgültig gefangen. Nun demonstriert sie Woche für Woche den Machtwillen ihrer Goldkränzchen-Riege, der über Fünfzigjährigen. Helmut Kohl wird zwei Wochen nach Raus Rücktritt sehr still seinen 68. Geburtstag feiern. Zwei Tage danach kommt es zur ersten Begegnung der beiden Kontrahenten. »Ich bin bereit«, steht auf den Plakaten, die die SPD mit einem Schröder-Porträt des Kanzler-Fotografen Konrad R. Müller kleben läßt. »Ich bin's bereits«, lästert die Gegenseite unterm Kohl-Konterfei zurück.

Schröder und Kohl treffen sich am 18. März zur traditionellen Eröffnung der Computermesse »CeBIT« in Hannover. Die Begrüßung ist kühl, der Handschlag für die Fotografen; die Stimmung beim Essen an der Frostgrenze.

»Kalkulierter Meisterschaftskampf«
Die richtige Art, den Hasen zu jagen

Keiner am Tisch will »Clement« gesagt haben. Oder gar »Schäuble«. Aber irgendwann hatte der Altkanzler an diesem später einmal »historisch« zu nennenden Märzabend, da er seinem Herausforderer Schröder zum ersten Mal nach dessen Nominierung begegnet war, plötzlich angefangen, über »Kronprinzen« zu extemporieren. Wie bitter man sich fühle, wenn man einer sei. Wie süß es schmecke, wenn man endlich gekrönt werde. Wie mager es ihm selbst unter Rainer Barzel damals ergangen sei.

Um diese Zeit wollte Gerhard Schröder eigentlich längst die Eröffnungsfeier der CeBIT-Messe vergessen haben und mit dem Münchener Unternehmensberater Roland Berger, der früher immer mal wieder als Schatten-Wirtschaftsminister in einem Schröder-Kabinett gehandelt worden war, bevor er sich als CSU-Fan outete, beim Essen sitzen. Doch Kohl, als hätte er es geahnt, ließ den Hannoveraner in der Niedersachsen-Halle zappeln, stellte dessen Geduld auf die Probe – die des Steißes und die der Zunge. Er legte die Brille ab, wie er es immer vor einem großen Plauschangriff tut, und nahm die gesamte Tischrunde kurzerhand als Geisel, bis sie lachte.

Bis dahin allerdings waren sich Noch-Kanzler Helmut Kohl und Kanzler-Aspirant Gerhard Schröder krampfhaft aus den

Augen gegangen. Für die anderen am Tisch war das die reine Qual. Denn mal pflaumte der Kanzler dem Schröder was hin, mal pflaumte der zurück, ohne hinzugucken. Volker Jung, Präsident der Elektroindustrie, versuchte dreimal, alle zum gemeinsamen Prosten zu kriegen. Schließlich saß er wie eine Lüsterklemme zwischen zwei Hochspannungsmasten. Aber der Kanzler hatte sein Glas immer vor den anderen leer. Und Schröder blickte unbeteiligt über den kleinen Gartenzaun, den die CeBIT-Veranstalter um die Promi-Tische gebaut hatten, damit sich keine Steh- und Gehgäste mit ihren Entree-Tellerchen an die Tische verliefen. Dabei juckte sich der Kanzlerkandidat die Nase, zwiebelte sich die Ohren und prüfte das Kinn auf Bartstoppeln. Es fuchste ihn wohl, daß der Dicke die Gesprächshoheit am Tisch hatte.

Doch warum sollte er sich aufregen? Die Woche war gut und groß, und auch Parteifreund Rau hat schließlich immer geglaubt, er habe vor ihm das Wort. Er könne ihn belehren, ermahnen, verhindern. Bis auf einmal. Die Zeiten, in denen Gerhard Schröder wie ein junger Beagle nah am alten Hasen jagte, sind lange vorbei. Jetzt sitzt er wie ein Gebirgs-Schweißhund geduldig neben dessen Sasse und wartet genüßlich, bis der Hase todmüde nach Hause hoppelt. Dann beißt er zu.

»Kalkulierter Meisterschaftskampf«, so nennt Schröder diese Phase seines politischen Lebens, in der er »nichts mehr aus dem Bauch machen« will. So stand er beim Vorführen des Wahlprogramms vor Tagen neben dem SPD-Vorsitzenden Oskar Lafontaine. So ertrug er die Watschen beim traditionellen Starkbieranstich auf dem Münchener Nockherberg. So sitzt er jetzt dem Kanzler vis à vis. Telekom-Mann Ron Sommer, neben dem Kanzler, starrt unbehaglich auf seine Serviette. BDI-Primus Hans-Olaf Henkel sucht Schröder mit einer kubanischen »Romeo y Julieta« abzulenken, und Siemens-Chef Heinrich von Pierer lotst den streng sprechenden Kohl behutsam in sabbeliges Wasser. Den Rest erledigt Louis Gerstner, der Boss von IBM, dem Dolmetscherin Dorothee Kaltenbach alle Kanzlerwitze übersetzt. Gerstner hat die Redegabe eines US- Fernsehpredigers: freundlich hingesprochenes Soufflé. Und auf einmal herrschte eine Stimmung wie nach der Kinderkommunion, wenn die Onkel sich absetzen zu den Schnäpsen. »Ich bin beeindruckt«, sagte Gerstner, den alle »Lou« nennen, »was für eine feine politische Kultur ihr hier habt.« Bei Onkel Lou in Amerika wäre das nie möglich: Daß der Präsident mit seinem Herausforderer einen Roundtable-Abend verbrächte – impossible. Gerhard Schröder verschwieg fein, daß »der Dicke« ihn in der letzten Woche ganz unkultiviert »den charakterlosesten Herausforderer« genannt hatte, den ihm die SPD je vor die Nase gesetzt habe. Lieber ist er mit Industrie-Boß Henkel in die Bar des Maritim-Hotels verschwunden.

»Wie Treibholz auf den Wogen«
Sammeln und Semmeln

Wie Fußballgegner sich vor einem Finalspiel in Reizklima-Regionen zurückziehen, so nutzen Kohl und Schröder die Osterferien zur Regeneration – jeder auf seine Weise. Während Kohl wie in jedem Jahr zur Semmeldiät nach Bad Hofgastein aufbricht, vergnügt sich Kohl-Gattin Hannelore mit Freundinnen am Tegernsee.

Die aus Hannover machen Urlaub in Brandenburg. Ministerpräsident Manfred Stolpe hatte ihnen das Hotel »Zur Bleiche« genannt, irgendwo im romantischen Spreewald (Lübbenau). Schröder trifft sich mit seinem Uralt-Freund aus Juso-Tagen Klaus Uwe Benneter, ansonsten genießt er die Pause mit Gattin Doris und deren Tochter Klara in der Kanallandschaft unter den Trauerweiden südöstlich Berlins. Schröder läßt sich dort in einem Hamam türkisch massieren. »Mit Ölen und Cremes«, erzählt er, »ich wußte gar nicht, daß man Füße auch massieren kann. Das soll ja eine richtige Medizin sein.« Er habe jeden Tag Fußreflexzonenmassage erhalten, berichtet Doris Schröder-Köpf später begeistert ihren Freunden in Hannover, und eine Woche lang habe ihr Mann keinen Alkohol getrunken. Der Kanzlerkandidat habe nun sogar babyweichere Haut als sie selbst, schwärmt sie.

Dünnhäutiger allerdings ist er nicht geworden. Im Gegen-

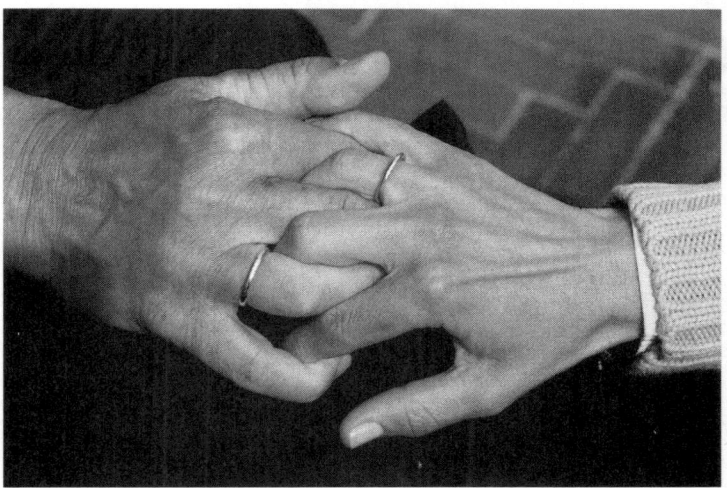

»Machen Sie doch mal 'n Bild von unsern Trauringen«, sagte Schröder eines Tages zu Fotograf Lebeck

Außerplanmäßiges Frühstück in Köln. Gleich muß er im Gürzenich reden. Den Schinken verschmäht er.

41

teil: Wie nie zuvor strotzt der Niedersachse vor Ruhe und Selbstbewußtsein.

»Gerhard Schröder stellt einen Machtwillen und Pragmatismus mit einer Ungeniertheit zur Schau, die er für Realpolitik hält und die als Antwort auf den jahrelangen sozialdemokratischen Idealismus der Ohnmacht verständlich ist«, urteilt der Berliner Journalist Jan Roß in seinem Buch »Die neuen Staatsfeinde«.

»Man weiß nicht, was Schröder will«, schreibt der Wirtschaftskommentator der Frankfurter Allgemeinen, Hans D. Barbier. »Schröder übt die Dynamik des Zurückdrehens«, klagt Barbier, und die könne nichts anderes sein »als eine vorsichtshalber inhaltsleer gehaltene Bereitschaftserklärung«. Kann man so einen denn überhaupt wählen, argwöhnen andere Leitartikler im Frühjahr des Wahljahres noch. Einen, der, wie die Süddeutsche Zeitung schreibt, Beliebigkeit verkörpere und wie »Treibholz auf den Wogen der öffentlichen Meinung tanzt«. Wofür steht dieser Schröder eigentlich?

»Guck dir an, wie er mit den kleinen Leuten umgeht«, hat Klaus Uwe Benneter, Schröders Kumpel aus Juso-Tagen und Mitglied im Berliner Parteivorstand, empfohlen. Schröder packe die kleinen Leute immer noch mit »renitenter Glaubwürdigkeit«, so Benneter. Und das sei doch schon mal eine ehrenwerte Grundkonstante. In seinem Sonnen-Jahr '98 hat sich Schröder abgewöhnt, Kritiken ernst zu nehmen und Kritiker wichtig. Wenn er abschätzen kann, daß ihm mit den Morgenzeitungen Stunk auf den Tisch kommt, dann läßt er sich eben keine Zeitungen bringen. Auch Agenturmeldungen und Fernsehnachrichten ignoriert er an solchen Tagen mühelos. Er kontrolliert seine neuesten Popularitäts-Zahlen. Und die geben ihm die Gewißheit, auf dem richtigen Weg zu sein.

Eine Emnid-Umfrage, die die Zeitschrift »Playboy« in Auftrag gibt, ermittelt, daß Schröder sogar »der schärfste Politiker zwischen Flensburg und Passau« sei. Weit vor Oskar Lafontaine und Guido Westerwelle. Erfolg macht sexy, sogar Politiker um die Einmetersiebzig.

Weil Schröder dauernd in den Medien ist, mit denen er spielt und herrscht wie kein anderer Politiker der Fernsehdemokratie, deshalb bilden wir uns ein, alles über ihn zu wissen. Wir kennen seine Frau, seine Eßgewohnheiten, den Namen seiner Katze, seine wunden Punkte. Er ist anfaßbar wie die Leute aus der Lindenstraße, er ist Stammgast in unseren Wohnzimmern. Aber ist das mehr als eine Schein-Nähe? Eine Nähe, die seine Popularitäts-Quoten stetig in die Höhe treibt – weit mehr als all das, was er zur künftigen Energiepolitik der SPD sagt, zur Heimunterbringung renitenter Jugendlicher oder zum Euro?

Gelassen nimmt er die Vorbereitungen der Parteizentrale für den spektakulärsten Nominierungsparteitag, den eine deutsche Partei ihrem Spitzenkandidaten je bereitet hatte.

»Hallo, Kandidat!«
Die Krönung in Leipzig

»Rüdiger Fikentscher macht Abbinder und übergibt die Leitung an Heide Simonis«, stand im Leipziger Regieplan. Den hatte eine winzige Agentur aus dem Osten für Schröders Krönungsparteitag am 17. April ausbaldowert. Rüdiger Fikentscher aus Sachsen-Anhalt macht also einen Abbinder, und schon wechselt die »Lichtstimmung IV auf Lichtstimmung V«. Gewaltig umtost die Einmarschmusik des Komponisten Peter Richter aus Wiesbaden die Delegierten wie Wellen die Küste Neu-Braunschweigs. Ein Sinfonie gewordener Drehseitfallschuß.

Der erste Brecher rollt an wie die Musik in Spielbergs »E.T.«. An jener Stelle, an der die Jungs mit dem Außerirdischen auf ihren Klapprädern in den glutroten Himmel sausen. Dazu paradieren Oskar Lafontaine, Reinhard Höppner und Renate Schmidt mit dem Kandidaten in den Saal. Schröder hatte sich sowas gewünscht, seit er mal mit ansehen mußte, wie der bayerische Ministerpräsident Edmund Stoiber per Defiliermarsch in einen Saal geblasen wurde.

Im Team passieren sie den Delegiertenblock Südliches Niedersachsen. Sie winken, schütteln Hände. Dann, »ohne Lichtwechsel«, scharfe Rechtskurve der Musik und der Einzügler. Es grummelt gewölbt, schmachtet und bläht sich nun wie im »Phantom der Oper«. Dann, scharfer Knick ums Westliche Westfalen. Auch melodisch.

Schröder und Lafontaine haben die Delegierten inzwischen fünf Minuten bestrahlt und bewunken. Jetzt treiben sie der Bühne zu. Die ist ein Gebilde, das der Gegend zwischen dem dritten und dem vierten Schornstein der Titanic nachempfunden ist. Schröder breitet die Arme aus. Lafontaine steht hinter ihm. Ja, da kräuseln sich die Klänge um den Bug des SPD-Dampfers. Und das Paar schwebt dahin. Die Musik schwillt an, pflügt Richtung Eismeer, sieht den Möwen nach und winkt Daheimgebliebenen zu. Alles ist Freude. Doch dann auf einmal bäumt sich Richters Hymne auf. Motive aus »Spiel mir das Lied vom Tod« sind erkennbar – aus jener Szene, in der Claudia Cardinale als Kellnerin mit blanken Schultern und Wasserkrügen vor der Brust rausgehen muß zu den schwitzigen Arbeitern.

»Reinhard Höppner, Renate Schmidt und Harald Ringstorff nehmen ihre Plätze ein. Oskar Lafontaine und Gerhard Schröder gehen vor das Rednerpult und winken bis zum Ende der Musik«, steht auf dem Regiezettel. Winken bis zum Abwinken. Es dauert noch eine Weile, und dann steht er allein auf der Bühne. Er, der Erwählte.

»Wenn man
nur eins will im Leben . . .«
Ein Rückblick

Nun also müssen sie mich krönen, dachte Schröder, als er da oben allein auf dem Podium wartete. Ausgerechnet die Heuchler und Neider. Die Pharisäer, die ihn immer klein halten, abstrafen, ihm das Maul verbieten wollten. Sie alle werden gleich nochmals Spalier stehen, wie die Halleluja-Rufer am Palmsonntag.

Johannes Rau wird mit steifer Oberlippe eine große Messe für ihn lesen. Oskar Lafontaine wird ihn gönnerhaft beweihräuchern. Und Rudolf Scharping wird wieder versuchen, ihn zu umarmen. Die hinter ihm auf dem Podium, die Thierses und Dreßlers, und die da unten im Saal werden von ihren Sitzen springen, wenn das Wahlergebnis verkündet wird und die Kamera durch die große Halle des Parteivolks schwenkt. Und sie werden im Stehen applaudieren. Minutenlang, Seit' an Seit'. Und so geschah es.

Weil Gerhard Schröder wußte, daß es so kommen würde, tat er die Zustimmung seiner Partei freundlich ab. Blieb bescheiden im Triumph. Noch hatte er Kohl ja nicht bezwungen, nur die eigene Partei. Doch das war fürs erste ein ganz schönes Gefühl.

Der 1. März war erst sechs Wochen her. Der Tag, an dem

Schröder endlich seinem Lebensziel entgegensprinten konnte. Sie saßen zuhause und überspielten die Nervosität des Wahltags mit Mensch-ärgere-Dich-nicht. Es gab Kaffee und Kuchen, im Fernsehen lief »Attila, der Hunnenkönig«. Da klingelte gegen vier das Telefon.

»Hallo, Kandidat!« sagte Oskar Lafontaine am anderen Ende. Der Parteivorsitzende hatte gerade in Saarbrücken die ZDF-Wahlprognose vorab erhalten. Zwei Stunden vor dem Schließen der niedersächsischen Wahllokale stand fest: Schröder würde nicht nur gewinnen, er würde sogar sein altes Ergebnis übertreffen. Hallo, Kandidat – zwei Worte, so obenhin gesagt und ironisch, wie Lafontaine das immer macht, wenn er generös sein will. Für Schröder aber war es, als zerbräche eine Sperrmauer, hinter der er zwei Jahre lang gelebt hatte.

Hallo, Kandidat – man muß nicht mehr Worte machen, um Frieden zu stiften. Aber in jenen Sekunden des 1. März dürften Schröders Gedanken noch einmal durch die letzten Jahre gegangen sein. Jahre, in denen ihm der Kampf gegen die eigene Partei zur Natur geworden war. In denen er es sich mit fast jedem verdorben hatte. Und das Glücksgefühl muß für Schröder in diesem Augenblick größer gewesen sein als Stunden später beim Abnicken des guten Wahlergebnisses vor den Fernsehkameras. Doch verstehen kann das alles ohnehin nur der, der weiß, wie die legendäre Szene am Kanzleramtszaun, die 1998 in keinem Schröder-Porträt fehlen durfte, sich damals wirklich zugetragen hat.

Sie waren wohlig besoffen aus der »Provinz« geeiert. Wie häufig in jener Zeit, in der Hinterbänkler Schröder mit einem Journalistenfreund nachts in der Kneipe versumpfte und morgens um acht in Wehners Fraktion antrat. Auf einmal hing er da am Zaun des Kanzleramts. Kletterte hoch wie ein Affe und brüllte den immer und immer wieder zitierten Satz. Jeden anderen, der gebrüllt hätte, daß er »da rein« wolle, hätte man ausgelacht. Doch bei Schröders Ausbruch, so erinnert sich der einzige Zeuge jener Nacht, blieb er stumm. Denn Schröder sei in jenem Moment auf so »ergreifende Weise überzeugend und willensstark« gewesen.

Nur, bei Lichte besehen: Wer war er damals schon, der kleine Schröder, der da rein wollte? Zwei Jeans hatte er, eine lang, eine abgeschnitten, so kurz, daß die Taschenbeutel im Sommer unter dem Rand rausblitzten. Die Haare hingen ihm über die Ohren, und manchmal trug er im Bundestag sogar noch die alten karierten Hemden mit halbem Dackelohr-Kragen auf, die er Jahre zuvor noch beim Juso-Kongreß anhatte. So einer will Kanzler werden?

In jener Nacht zogen sie weiter zur Dahlmannstraße, wo Henri Nannen, der Chefredakteur des STERN, noch ein Appartement hielt für Noteinsätze im Regierungsviertel. Dort knackten sie dessen Champagner zum Absacken. Und mitten im Gealbere wird Schröder auf einmal ernst. »Und ich werd' Kanzler, sollst du seh'n«, erklärt er so nüchtern, wie ein Betrunkener es nur sein kann, wenn er Wahrheiten verkünden will: »Denn wenn man nur eins will im Leben, dann kriegt man's auch.«

Nannen übrigens schimpfte jedesmal über den weggesoffenen Champagner, »weil der den Albrecht nie stürzen wird«. Reine Verschwendung, fand er und schimpfte seinen Reporter: »Sie hängen sich immer an die Verlierer.« Nur Jahre später, als Schröder Ministerpräsident von Niedersachsen war, hatte Nannen es natürlich immer schon gewußt: »Ich hab' immer gesagt: Der Junge hat den Marschallsstab im Tornister.«

Schröder blieb Henri Nannen bis zu dessen Tod verbunden. Kaum eine Ausstellung in dessen Emder Kunsthalle, die er nicht besuchte oder gar eröffnete. Ohnehin waren ihm die Paradiesvögel des Journalismus, die Aufsteiger in der Wirtschaft immer angenehmere Gesprächspartner und Tischgenossen als die Genossen seiner Partei.

Wer unter niedrigen Decken aufgewachsen ist, wie Gerhard Schröder, der wird nicht von anderen in Top-Positionen gehievt, der nimmt sie sich. Der hat auch nicht gelernt, um etwas zu bitten, geschweige denn darauf Rücksicht zu nehmen, was Nachbarn denken könnten. So hat er sich den Juso-Vorsitz gegriffen '78, obwohl andere bessere Aussichten hatten, gewählt zu werden. »Wir waren in der Auffassungsgabe immer etwas gelenker«, sagt Klaus Uwe Benneter, »als die Schlaffis« im Zentrum. »Die kannten zwar die Theorie, aber Schröder hatte immer schon die Weichenstellung im Kopf, wenn die noch nicht mal die Geleise sahen.«

Die – das waren die Scharpings und Wieczorek-Zeuls. Das waren die späteren Bundestagsabgeordneten Ottmar Schreiner und Michael Müller, jene Briefschreiber, die noch eine Woche vor der Niedersachsenwahl mit einem besorgten Positionspapier versuchten, Schröder als Kanzlerkandidaten zu stoppen. »Guck' mal, Benni«, hatte Schröder im Februar zu diesem Versuch gemeint, »die gleichen alten Verhältnisse, die gleichen alten Namen.« Aber die Zeiten, in denen die ihn noch ärgern konnten, sind vorbei. Zeiten, in denen er nach Präsidiumssitzungen in Bonn, nach beklagenswerten Debatten über den Zustand der Partei, nachts seine Frau anrief mit jammernder Stimme: »Alle sind gegen mich«, klagte er dann, »alle lehnen mich ab.« Vergessen auch, daß Frau Hillu nibelungentreu an seine Seite eilen mußte, wenn es ihm schlecht ging im Kreis der Genossen, wenn sie ihn schnitten und abstraften. Und sie ihm beistehen mußte.

In den Juso-Tagen von 1963 bis 1980 wuchsen unzerrüttbare Feindschaften. Und Abneigungen. Zu seinem von der Partei ausgeschlossenen Vorgänger als Juso-Chef Klaus Uwe Benneter hat Schröder damals jedoch eine fast brüderliche Verbundenheit entwickelt – Outcasts ziehen sich offensichtlich immer an. Und sie waren in jener Zeit wenigstens Brüder im Geiste. Das Pathos der Studentenbewegten und Stamokap-Jusos, die ihn ansonsten umgaben, war Schröder dagegen peinlich. Auch das Soziologen-Deutsch der Dutschkes, der höheren Töchter und Söhne, der Ideologen in seiner Partei war ihm nicht geheuer.

Er sprach eine »bewohnbare Sprache«, wie Heinrich Böll gesagt hätte. Eine Sprache, wie er sie auf den Fußballplätzen in Talle und als Lehrling hinterm Tresen in Lemgo gelernt hatte. Er übte als Juso-Redner staatsmännische Gesten, die er sich abgeguckt hatte bei den begnadeteren unter den Polit-Wahlkämpfern, die sich gelegentlich aus Bonn ins Lipperland verirrten. Und er mühte sich, das Schmuddelkind rauszuputzen, das ihm noch in den Furchen saß. Schon damals empfanden die Linken in der Partei, der »Marxist« Schröder habe sie verraten: erst mit den Stamokaps gesoffen, um Juso-Chef zu werden, dann seine Verbündeten der Reihe nach abserviert.

Doch nicht alle schüttelte er ab. Wolfgang Jüttner etwa, damals »Anti-Revisionist« wie Schröder, folgte ihm durch die Jahre bis in die Hannoversche Parteizentrale und ist im Frühjahr '98 mit dem Amt des Umweltministers belohnt worden. Und das, obwohl sich beide auch nicht gerade grün sind.

Sonst aber hat Schröder, anders als Helmut Kohl, alte
Gefährten, sogar ganze Seilschaften von der Telefonliste ge-
strichen, wenn sie nicht mehr ins Lebenskonzept paßten oder
wenn sie ihm quer kamen. Na und? Erich Ollenhauer, Aden-
auers alter Gegenspieler, hat bis zum Schluß jeden Abend mit
seinen zehn dicksten Kumpels Skat gespielt – gebracht hat's
ihm nix.

Manche der alten Gefährten tragen von ihrer Schröder-
Trennung lebenslänglich Schrammen auf der Seele. Sie dachten, sie könnten Schröder »steuern«. Und merkten: Der steu-
ert sich ganz allein. Sie bildeten sich ein, sie und nur sie hätten
»ihn gemacht«, als sie in den achtziger Jahren bei »Plümecke«
in Hannover, an den vielen Abenden mit halben Hähnchen
und Bier, gemeinsam Ministerpräsident Albrecht stürzen
wollten. Schröder war frech, spontan, mutiger als die meisten
von ihnen – und irgendwie haben sie alle gern für den beherz-
ten Anwalt gearbeitet, der homosexuelle Pfarrer verteidigte
und Ex-Terroristen.

Gemeinsam sind sie nach Gorleben gefahren zu den
Castor-Demonstranten. Sie waren stolz auf »ihren Gerd«,
wie er da mit wehenden Haaren auf den Feldern stand und
Protestreden gegen die Bonner Atomlobby abfeuerte. »In
Gorleben werden nach dem SPD-Sieg allenfalls Kartoffeln
verbuddelt«, sagt er bei seinen Wahlkampfauftritten 1990.
Den Demo-Bauern, die die Zufahrtswege mit ihren Treckern
versperrten, war er ein Kumpel. Er war solidarisch mit der
Dorfjugend, die ihre Abscheu und Ängste vor den »Segnun-
gen der Kernkraft« in Farbbeutel goß und in andere Demo-
Geschosse. Als Ministerpräsident wurden Schröders Besuche
im Landkreis Lüchow-Dannenberg notgedrungen immer sel-
tener. Schließlich kann sich der Ministerpräsident schlecht an

Demonstrationen beteiligen, schließlich kann man nicht von heute auf morgen aus der Atomenergie aussteigen, schließlich... Es gab immer neue Gründe, warum Schröder seinen Innenminister Gerhard Glogowski hart gegen die Demonstranten vorgehen ließ, wenn der Landschaft an der Elbe wieder einmal ein Castor verordnet worden war. Am Ende ist allenfalls noch Hiltrud Schröder hingefahren, und er blieb zu Hause. Die wilden Aktivisten da hinten an der Elbe wurden ihm im Laufe der Jahre immer fremder. Und er ihnen auch. Selbst wenn er heute wieder den einen oder anderen Bauernfunktionär heimlich empfängt. Wenn er sich von Dannenberger Öko-Bauern Kartoffeln, Gemüse und Obstsäfte in die Staatskanzlei liefern läßt, die er dann nach Hause schleppt. Die Beziehung war »zerrüttet«.

Im August 1995 wagte sich Schröder dann doch noch einmal ins heiß umkämpfte Wendland. Allerdings nur, um die Musiktage in der Stadt Hitzacker zu eröffnen. Die »Bäuerliche Notgemeinschaft im Wendland« nutzte gleich die Gelegenheit zu einer Demonstration gegen die Niedersächsische Landesregierung. Und wie es die Hundstage im August so mit sich bringen, waren Demonstranten und Schröders Polizei gleichermaßen nervös und erhitzt. Jedenfalls habe sich ein Demonstrant vor Schröder aufgebaut und ihm Parolen zugerufen, meldete am nächsten Tag die örtliche Elbe-Jeetzel-Zeitung, worauf Schröders Bodyguards ihrer Schutzperson »den Weg freiprügelten«. Daß ein Demonstrant ihm schließlich mit einem Stuhlbein das Schienbein verletzt habe, wie die Hannoversche Allgemeine Zeitung am nächsten Tag meldete, dementierte Schröders Staatskanzlei jedoch umgehend. Daß allerdings sein Schienbein tatsächlich zehn Zentimeter lang aufgerissen war, ließ sich nicht dementieren.

Vielleicht hatte er sich wirklich bei dem Tumult an einem Tisch gestoßen. Mag sein. Sicher ist, daß Schröder an diesem Tag eine Erfahrung machte, die ihm bis dahin erspart geblieben war: Er war da unbeliebt geworden, wo er sich bislang noch sicher gefühlt hatte. Plötzlich war er der Feind jener Leute geworden, für die er vor Jahren noch gekämpft hatte. Einen ganzen Nachmittag lang saß er perplex im Garten eines Freundes und kühlte seine Wunden. Zum ersten Mal fühlte er, was Kanzler Kohl wohl gespürt haben mochte, wenn er in den achtziger Jahren auf den Plätzen der Universitätsstädte reden mußte und ihm schrilles Pfeifen, Eier und Tomaten entgegenflogen. Es war komisch, aber Schröder hatte genauso reagiert, wie Kanzler Kohl in solchen Situationen reagierte. Er nannte die Demonstranten »totalitär«. Er verstand ihre Ängste nicht mehr, er hatte diese Menschen enttäuscht. Und über diese Erkenntnis war er an jenem Sonntagnachmittag gehörig erschrocken.

Trotzdem: »Er hatte wohl damals schon Charisma«, sagt einer von den Enttäuschten, »deshalb haben wir uns für ihn zerrissen. Aber dann hat er sich ziemlich verändert...«. Wie kann es sein, daß »unser Gerd« heute Ausländer abschieben lassen will, fragen sie sich. »Wie konnte er so ein skrupelloser Karrierist werden?« sagen sie am Telefon und wollen über »den« am liebsten gar nicht mehr nachdenken. Und im nächsten Moment erzählen sie alte Geschichten, die sie mit ihm teilen. Wie sie den Kandidaten Schröder zur Schwulengruppe nach Minden chauffierten, zum Beispiel. Und Schröder habe geredet und geredet, bis die Jungs ganz verknallt in ihn gewesen seien. Dann sei er noch im Applaus aus dem Saal geflohen und habe sich die Ärmel abgestaubt, wie man Stroh vom

53

Anzug wegklopft, wenn man einen Stall besucht hat. Ach ja, ein doller Volksschauspieler sei er gewesen.

Emotional fühlen sich viele frühere Schröder-Gefährten in Hannover deshalb heute ausgenutzt wie entsorgte Ehepartner, die plötzlich nicht mehr in die Karriereplanung passen. Sie wollen sich erinnern, wie er schon 1980 beim Einzug in den Bundestag immer gesagt habe: »Geh mir weg mit Inhalten. Damit kommt man nicht an die Macht ...«. Verraten fühlen sich andere. Saßen damals nicht auch Lehrer um ihn herum, als Berater, als Aktivisten der Wählerinitiative? Ist es da nötig, daß er Jahre später als Landeschef alle Lehrer »faule Säcke« nennt?

Als der Ministerpräsident im Frühjahr 1998 beschloß, sein Frauenministerium einzusparen, und es der Ministerin für Arbeit und Soziales zuschlug, da demonstrierte vor der Staatskanzlei ein Trupp echauffierter Frauen. »Erst Hillu, dann wir!« stand auf Transparenten. Wer gegen Schröder kämpft, wird hemmungslos in der Wahl der Waffen.

Als er 1993 gegen Rudolf Scharping und Heidemarie Wieczorek-Zeul um den Parteivorsitz kämpfte – und ausgerechnet gegen zwei Ex-Juso-Kollegen verlor, die er immer für kleine Fische, nicht für echte Gegner gehalten hatte –, da hatten seine Verhinderer gleich schwere Geschütze aufgefahren. Der Risikokandidat aus Hannover solle erst einmal »seine charakterlichen Defizite« in den Griff bekommen, insinuierten Scharping und Nordrhein-Westfalens Umweltminister Klaus Matthiesen in Hintergrundgesprächen.

Es gibt für den halbwegs begabten Rhetoriker immer zwei Möglichkeiten, sich gegen üble Nachreden zu wehren: Man greift an, oder man gesteht. Schröder wählt am liebsten eine Mischung aus beidem. »Mir wird neuerdings immer nachgesagt, ich hätte charakterliche Defizite«, bekennt Schröder auf seiner Werbetour in der Halle der Dortmunder Messe, »und wißt ihr was – das stimmt sogar! Aber die, die das sagen, die wollen nur von ihren eigenen ablenken.«

Wie hatten sich die Nordrhein-Westfalen in der SPD bemüht, ihren Lieblingskandidaten Rudolf Scharping im Ruhrgebiet groß rauszubringen. »Den Schröder schicken wir in halbleere Säle«, hatte Heinz Schleußer, der Vorsitzende des SPD-Bezirks Niederrhein, geplant. Doch bei Scharping kamen die ersten Klatscher erst nach zwanzig zähen, belehrenden Minuten. Bei Schröder schon beim ersten Bekenntnis. »Mein Auftreten im Fernsehen, das will ich gerne zugeben, das hat auch was mit Eitelkeit zu tun ...«, gestand er, »... übrigens auch mit Drängeln. Bei den anderen hat das natürlich nix mit Eitelkeit und Drängeln zu tun. Ich finde, wenn man schon im Fernsehen auftritt, dann mit Lust. Denn, wenn ich mir manchen von den Gequälten so angucke, dann denk' ich manchmal: Warum soll man dem armen Kerl auch noch die Regierung aufbürden?« Er macht – undiplomatisch, wie er nun einmal ist – keinen Hehl daraus, wen er für den »armen Kerl« hält: Rudolf Scharping. Die Leute jubeln.

Es sei viel schwerer, »Kanzlerkandidat der SPD zu werden, als Kanzler von Deutschland«, stellt Schröder einmal fest.

Da ist er im Speisewagen des Intercity unterwegs, von Vorstellungsort zu Vorstellungsort, um Stimmen zu sammeln für die Wahl zum Parteivorsitzenden. Dennoch ist er zuversichtlich. Und am Morgen des 13. Juni telefoniert er vom Frühstücksraum des Düsseldorfer Hotels mit seiner Frau in Immensen: »Ich fürchte, wir werden Vorsitzender«, sagt er selbstbewußt.

Dann muß er in der rot geschmückten Stadthalle, vor 1400

Menschen, neben den beiden anderen, seine Bewerbungsrede vortragen und Fragen beantworten. All das wird live in sämtliche SPD-Ortsvereine Deutschlands übertragen. So hatte sich der Parteivorstand das ausgedacht, nachdem Björn Engholm von allen Ämtern zurückgetreten war. Anschließend sollte der künftige SPD-Vorsitzende von allen Parteimitgliedern gewählt werden. Eine Art »SPD-TED«. Doch weil die Stimmung im Saal, noch bevor er nur ein Wort gesagt hatte, gegen ihn ist, wird Schröder an diesem 13. Juni nicht richtig warm. Die Partei ist nicht interessiert an seinen Auffassungen zur Industriepolitik, seiner sozialdemokratischen Programmatik. Sie stellt ihm nur Fragen zur Parteidisziplin, zum Grad seiner Bereitschaft, sich unterzuordnen. Es ist müßig für ihn, solche Fragen zu beantworten. Das läßt er sie spüren. Er bleibt leidenschaftslos, das ist das Schlimmste. Gegen Mittag ist die Vorstellung beendet, und Schröder läßt sich schnell nach Hannover fahren. Schon als sein Dienst-Audi auf die Autobahn biegt, weiß er im Innersten, daß er verloren hat. Das macht ihn wortkarg und muffig.

Nicht einmal Hillu konnte er in diesen bangen Minuten anrufen, denn die saß schließlich bei ihrer SPD-Ortsgruppe. Also tat er so, als ginge alles gut, und plante scherzhalber ein Bundeskabinett für den Fall, daß er nicht nur Parteivorsitzender, sondern gleich Bundeskanzler würde: Oskar Lafontaine ernannte er »aus Disziplingründen« zum Postminister, den Unternehmensberater Roland Berger zum Wirtschaftsminister und Hermann Rappe, den alten Chemie-Gewerkschafter, zum Arbeitsminister.

Dann klingelte das Telefon, und Pressesprecher Uwe Heye meldete sich mit zögernder Stimme. »Und, wie war ich?« fragte Schröder mit gespielter Forschheit. »Du hast der Partei nicht die Seele gewärmt, Gerd«, antwortete Heye vorsichtig. Schröder wußte gleich, was gemeint war. Der Kandidat war den Genossen zu kalt und technokratisch erschienen, zu machtgeil und arrogant. Heye sah schwarz für Schröder, und er hatte richtig analysiert.

Als am Abend dann ein Bundesland nach dem anderen an Rudolf Scharping fiel, war Schröder kaum in der Lage, seine Enttäuschung zu verbergen. Zwar machte er in den TV-Interviews jener Nacht frotzelnde Bemerkungen, die ihn als gelassenen Verlierer erscheinen lassen sollten. Doch in seinem Inneren kochte eine unbändige Wut. Warum nur war dieser Partei nicht beizubringen, daß sie ihn lieben sollte? Warum nur ließ sie ihn wieder und wieder vor die Wand rennen? Warum erkannten die nicht endlich, daß er der Beste ist?

Ein Überlebensrezept des Überlebenskünstlers Schröder ist es, nicht lange im eigenen Selbst zu grübeln. Quälende Fragen wie »Was habe ich falsch gemacht?«, »Wo habe ich mich falsch verhalten?« stellt er sich nicht. Denn es ist in jedem Fall gesünder, Schuld auf andere zu schieben. Jahre später hat er zu dieser Niederlage gesagt, vielleicht sei er damals »noch nicht soweit« gewesen. Gemeint hat er wohl: »Die Partei war noch nicht soweit.«

In den folgenden Wochen litten Schröders engste Mitarbeiter heftig unter der miesen Laune ihres Chefs, der nun alle Zukunftschancen für sich verbaut sah und keinen Hehl daraus machte, daß er ihnen allen dafür die Schuld gab. Manche ließen sich in dieser Zeit in abgelegenere Abteilungen versetzen. Manche wechselten sogar den Job. Sie wollten sich nicht länger über seine Undankbarkeit und seine Ungerechtigkeiten ärgern, auch nicht über seine unvermittelten Wutausbrüche. In Nordrhein-Westfalen, wo Johannes Raus Ritter massiv ge-

gen Schröder gefochten hatten, grinste dagegen die Schaden-
freude um alle Ecken. Nirgends gab es so viele Schröder-Has-
ser unter den Sozialdemokraten wie zwischen Rhein und
Ruhr.

Immer provoziert Schröder die großen Gefühle: enttäuschte
Liebe, Ohnmacht, Haß. Dabei wirkt er selbst nach außen
meist kühl, distanziert, manchmal auch schüchtern. »Schröder ist jemand, der ganz enge Nähe gar nicht aufkommen
läßt«, sagt Heinz Thörmer, früher Schröders Persönlicher Referent im Bundestag, dann Büroleiter im Landtag, nach dem
Wahlsieg '90 in eine hintere Reihe abgeschoben (»Der Thörmer mit seinen ewigen Kreppsohlen«). Später ist der pro-
movierte Soziologe Schröders Verbindungsmann zur Wahlkampfzentrale und wieder Referent der Staatskanzlei (Ar-
beitsgruppe: »Projektentwicklung und Betreuung«). Er gibt
den gesellschaftlichen Stimmungen und Strömen, die Schröder aufschnappt, einen konzeptionellen Guß, den Ungerechtigkeiten, Orthodoxien und lähmenden Bürokratismen. »Ak-
tivierender Staat in einer aktiven Gesellschaft« ist so ein
Topos, den Thörmer für Schröders Reden kreiert hat.

Kennedy nannte das: »Frag nicht, was dein Land für dich
tun kann, frag ...«. Viele, so Thörmer, hätten sich Schröders
menschelnde Nähe immer eingebildet. Er nie, und deshalb
habe er nie von ihm enttäuscht werden können.

Bis heute suggeriert Schröder Freundschaft und Nähe, wenn
er mit erstaunlichem Gedächtnis und antrainiertem Stahl-
lächeln Biographisches über den jeweiligen Gesprächspartner
erinnert. Wenn er gleich den richtigen Ton und die Kamera
findet, die gerade auf ihn gerichtet ist. Journalisten adelt er mit

vertraulich angebotenem Du – dabei bedeutet ihm diese Geste nichts. »Schröder hat mir schon mal das Du angeboten«, verriet der Komiker Karl Dall einmal der Wochenzeitung Die Woche, »schrecklich, jetzt muß ich den Kanzler duzen«. Diese Gnade des Herrn bedeutet allerdings auch kein größeres Maß an Vertraulichkeit als früher bei Kohl. Vertraulich ist Schröder nämlich nur zu Hause. Und steuerbar auch. »Hat einer wie Sie eigentlich noch echte Freunde?« ist der Aufsteiger in einem nächtlichen Radio-Interview einmal gefragt worden. »Ich glaub', einen hab' ich«, hat der 54jährige nach langem Überlegen geantwortet. Es gibt mehrere, die glauben, sie seien gemeint.

Sein ehemaliger Büroleiter Reinhard Scheibe, zum Beispiel. Den hat er zum Chef der niedersächsischen Lotto-Gesellschaft weggelobt, nachdem der sich in Schröders Sekretärin Doris verliebt hatte. Schröder wollte kein Liebespaar in seiner Arbeitsumgebung. Also katapultiert er Herrn Scheibe in eine auswärtige Chefetage und bleibt auf diese Weise Freund mit ihm.

Oder Götz von Fromberg, der umtriebige Anwalt. Fromberg lud Schröder vor vielen Jahren in Hannovers Juristen-Fußballmannschaft. Da schoß Schröder einmal fünf Tore hintereinander und stieg aus, weil jedes Spiel danach für ihn nur ein Abstieg hätte sein können. Fromberg ist einer von den vollmundigen Typen, auf die einer wie Schröder fliegt: wuchtig von Statur wie auch Schröders Berater Bodo Hombach. Freundlich und unterhaltsam wie Jürgen Großmann, der ebenfalls großformatige Chef der Georgsmarienhütte. Ein Mann, den Schröder gern auf Reisen mitführt. Alle sind irgendwo Parvenus außerhalb der Konfektion. Kerle in britischem Landhaustweed, amerikanischem Ostküsten-Chic

59

oder Sylter Rot-Blau-Kombination. Unternehmer, die zu Geld gekommen sind und das gern zeigen. Repräsentable Häuser, gute Zigarren, noch bessere Rotweine, Austern satt. »Herr Ober, bringen Sie mal Ihren ältesten Cognac ran!« Schröder liebt es, bei solchen Gastgebern zu tafeln. Der fröhliche Fromberg hat ihn beherbergt, nachdem ihn Hillu rausgeschmissen hatte – und gegen sie verteidigt. Seine Frau verriet den Boulevard-Blättern, daß der Ministerpräsident ins Zimmer ihres erwachsenen Sohnes eingezogen sei, und daß sie abends Lammragout für Schröder koche. Heye, Scheibe, Großmann, Fromberg – sie alle halten sich gewiß für Schröders Freunde.

Aber es gibt auch die Konvertiten. Weggefährten, die Schröder als Gefahr, als Konkurrenten, sogar als Feind empfanden und sich ihm im Laufe der Jahre zuwandten – aus welchen Gründen auch immer. »Ich war damals tief verletzt«, sagt Ex-Bauminister Karl Ravens, der vor Schröder zweimal vergeblich in Hannover gegen Ernst Albrecht angetreten war. »Ich war verletzt von der Art, wie sich jemand ohne zu bitten selbst ins Spiel brachte.« Eigentlich nämlich hatte sich 1984 die niedersächsische SPD mit Brandt und Co. auf Anke Fuchs als Herausforderin geeinigt. Und dann platzte Schröder mit seiner Bewerbung in diesen Plan. »Im Grunde hätte Schröder mir immer nah sein müssen, denn ich stamme auch aus kleinen Verhältnissen«, wundert sich Ravens, 70, heute, »aber ich konnte nicht ertragen, daß er sich einfach nahm, was er wollte. Wir waren schließlich noch daran gewöhnt, zu warten, bis man uns was anbot.«

Heute liegt Schröders erste Kandidaten-Bewerbung in der Friedrich-Ebert-Stiftung. Dort werden alle Reliquien sozialdemokratischer Geschichte sortiert, interpretiert und deponiert.

Die Parteifreunde hatten ihn gefressen im Wahlkampf '86. »Wenn er jetzt über die Brüstung kippt«, raunte der Uralt-Genosse Egon »Kanalarbeiter« Franke damals Begleitern zu, als er Schröder bei einem Umtrunk auf der Terrasse des DGB-Büros traf, »dann haben wir hier ein Problem weniger.« Und Schröder setzte sein Pokerface auf und verstand »die ganze Aufregung nicht«. Wo doch seine Frau (Anne, Ehefrau Nummer 2) früher ganz fleißig Plakate geklebt hatte – sogar in Frankes Wahlkreis. Nicht wenige rieben sich deshalb die Hände, als Schröder 1986 schmerzvoll die Wahl verlor und die Oppositionsbank beziehen mußte.

Doch nicht nur Egon Franke mutierte Jahre vor seinem Tod noch zum Schröder-Freund. Auch Hermann Rappe, der alte Gewerkschafter, und Karl Ravens sind heute auf der Seite des politisch »solide gewordenen« Genossen. 1993, als Gerhard Schröder zum erstenmal um die Kanzlerkandidatur antrat, ließ die Partei den ungeliebten Stimmenfänger abschmieren. Vollmundig hatten sogar SPD-Landesvorsitzende erklärt, wenn Schröder bei der Mitgliederbefragung gewönne, träten sie aus der Partei aus. Im Frühjahr 1998 bleibt ihnen keine Alternative. Sie beißen die Zähne zusammen und lächeln: Hallo, Kandidat!

Neben dem Bremer Parteitag der CDU, so schreibt im Mai ein Leitartikler der Süddeutschen Zeitung, liege der Leipziger Parteitag der SPD wie eine »Lachsschnitte neben einem Wurstbrot mit Gurke«. Doch noch lange ist nicht klar, ob dem Volk der Sinn nach Hausmannskost steht oder nach den Speisen, die in Hannovers gehobenen Lokalen auf der Karte stehen.

»Papst ist auch 'n doller Job«
Auf dem Parkett des Königs

Eigentlich gab es nur eine Sache, die die Organisatoren des Leipziger Parteitages im April '98 übersehen hatten: Gastredner Helmut Schmidt hatte für den Rückflug von Leipzig nach Hamburg nur einen Platz auf der Warteliste. Als Henning Voscherau, der Hamburger Ex-Bürgermeister, die Stewardeß um eine feste Zusage für Schmidt ersuchte, weil es sich bei ihm »doch immerhin um einen ehemaligen Bundeskanzler« handle, snobte die Luft-Hanseatin ihn erst einmal ab. Sie könne sich auch für einen Ex-Kanzler keinen Sitz aus den Rippen schneiden. Sic transit ...

Nach dem Parteitagsspektakel schrödert es unaufhörlich weiter. In einer Sendung des Regionalfernsehens plaudert eine Moderatorin mit Schröders 84jähriger Mutter Erika auf deren Sofa. In Köln dreht Hans W. Geißendörfer schon im Frühjahr drei Varianten für den Wahlsonntag der »Lindenstraße«. Am schönsten sei ihm die geraten, erzählt der Regisseur, in der Schröder die Wahl gewinnen und von den Zenkers und Beimers gefeiert würde. Nur, ob das auch die beste Variante für die Zukunft seiner eigenen Kinder sei, darüber sei er sich einfach nicht sicher, sagt Geißendörfer.

Glücklich fügt sich in Schröders Erfolgsserie, daß Niedersachsens Ministerpräsident ausgerechnet im Wahljahr das

Amt des Bundesratspräsidenten turnusgemäß übernehmen muß. So hat der Kandidat als Stellvertreter des Bundespräsidenten das zweithöchste Amt im Staate inne, gleich nach Roman Herzog und vor Rita Süssmuth und Kanzler Kohl. Und er hat einen Haufen PR-trächtige Termine, von denen Kohl lieber wäre, er hätte sie nicht. Er trifft Bill Clinton in Berlin, obwohl das Kanzleramt bis zum Schluß mit allen diplomatischen Kunstgriffen versucht hatte, das Treffen am Rande des Luftbrücken-Jubiläums zu verhindern. Doch weil das mit dem Chef des Bundesrates nun mal nicht zu machen war, trafen sich Schröder und Clinton im Foyer des kleinen Konzertsaals im Schauspielhaus am Gendarmenmarkt. Aus Courtoisie gegenüber seinem Freund Kohl ließ Clinton mithilfe seines Presseoffiziers nur eine Handvoll Fotografen und zwei Berichterstatter für einen Moment in den Raum des historischen Männer-Gipfels. Keine Fernsehkameras, keine Original-Töne, keine Show.

Zwanzig Minuten ließ der Präsident der Vereinigten Staaten den Mann aus Niedersachsen unter einem Wand-Gobelin aus der Zeit des Klassizismus warten. Ließ ihn schmunzeln über den aufgeregten Zeremonienmeister der Amis, der alle 30 Sekunden in den Raum kam und die unbenutzten Kissen auf den Biedermeiersofas aufschüttelte. Die Möbel hatte die Regie kurz zuvor hereintragen lassen, damit das ansonsten leere Foyer wirkte wie ein echtes Empfangszimmer. Eine halbe Minute lang durften die Fotografen dann beide beim Shakehands blitzen. Dreißig Minuten lang dauerte das anschließende Gespräch. In dieser Zeit machte Schröders kongeniale Dolmetscherin Lena Hassinger-Lees eine denkwürdige Beobachtung. Als dem Präsidenten das Hosenbein hochrutschte, konnte sie es erkennen: Bill Clinton trägt Sockenhalter.

Am Ende hatte Schröder jedenfalls die ersehnte Einladung ins Weiße Haus. Nur, wann er der folgen sollte, sagten die Amis nicht. Und sie dachten auch nicht daran, ihm bei der Terminfindung zu helfen. Für Uwe Heye begann nun die schwierige und zugleich lästige Arbeit, den Kandidaten für das weite Feld der Außenpolitik zu begeistern. »Wir müssen an deinem außenpolitischen Profil arbeiten«, sagte er und zog Schröder in jeder freien Stunde zur Klausur. Das war nicht immer einfach, denn Schröder vertrat den Standpunkt, Wahlen würden vornehmlich mit deutschen Themen gewonnen.

Günter Verheugen gab in dieser Zeit den außenpolitischen Berater. Der Politik-Professor Karl Kaiser vom Forschungsinstitut der Deutschen Gesellschaft für Auswärtige Politik und Willy Brandts großer Redenschreiber Klaus Harpprecht machten Schröder fit für den Besuch beim mächtigsten Mann der Welt. Als besonderen Scoop rechnet es sich Heye an, der früher selbst als Redenschreiber und stellvertretender Parteisprecher in Brandts Büro arbeitete, daß er den Amerika-Kenner und Zeit-Autor Harpprecht für das Schröder-Team gewinnen konnte. Eine der edelsten Federn der Republik.

Schröder absolviert Besuche im Ausland – in Israel und im Libanon. Mit Oskar Lafontaine, der ihm als Dolmetscher assistiert, fährt er zu Lionel Jospin nach Paris. Er macht Reisen nach Polen, Holland, Italien, Straßburg und noch einmal zu Tony Blair. Er beschäftigt sich mit dem Madrider Abkommen, mit dem Wunsch der Baltischen Staaten, in die NATO aufgenommen zu werden, mit dem Krieg im Kosovo und der Rolle Milosevics. Er überlegt sich Haltungen zum »NAFTA-Abkommen« und den »ASEAN-Staaten«; zur Frage, ob die Türkei Mitglied der Europäischen Union werden solle oder nicht. In Amerika will Schröder glänzen.

Kanzlerkandidat zu sein ist aufregend. Ratspräsident zu sein ist dagegen eine beschauliche und würdige Sache. »Aber ich bin wahrscheinlich der erste in diesem Job, der seine Amtszeit unbedingt verkürzen will«, vermutet Schröder bei einer Tischrede in der Residenz »Villa Almone« des Deutschen Botschafters Dieter Kastrup in Rom.

Rom im Frühsommer! Das war eine Reise, auf die er sich gefreut hatte. Zuletzt hatte er die Stadt besucht, als eine Papst-Audienz auf dem Terminplan stand. War einmal die Via Condotti auf und ab flaniert, hatte in die Schmuck-Schaufenster von »Bulgari« geguckt und ins Cafe »Greco«. Und er hat sich nach den Preisen für Cerruti-Anzüge erkundigt. Einen Nachmittag lang hat er an der Piazza Navona gesessen, einfach nur die Flaneure bestaunt und über den Anlaß seiner Reise nachgedacht. »Papst is auch 'n doller Job«, flachste er damals, »keine SPD am Hals und den ganzen Tag nur Enzykliken schreiben.« Das war im Juni 1995, und er hatte gerade den dicksten Ärger in seiner »Troika« – mit Parteichef Rudolf Scharping und dessen Vize Oskar Lafontaine – hinter sich gebracht.

Als er den Petersdom besichtigte, kam ihm in den Sinn, daß seine Partei »im Grunde genauso funktioniert« wie die katholische Kirche: »Der ist Frieden alles«, sagte er, »und die Parteitagsbeschlüsse so heilig, daß sie wie eine Monstranz vorangetragen werden.« Als er dann im Vatikan vorfuhr, den Trakt betrat, in dem der Papst seine Gäste empfängt, als er die echten El Grecos und Dürers an den Wänden bestaunte, wurde Schröder langsam leiser. Als Raffaels »Petrus und Paulus« zu ihm herabblickten in einem der vielen Vorräume, in denen er zu warten hatte; als er von Raum zu Raum geführt wurde und der Pressesekretär des Papstes ihm erzählte, wie schon

»Kommen Sie, Herr Schrrrröderrr, kommen Sie ruhig näherrr.«

Gorbatschow sich hier in diesen Räumen als Katholik zu erkennen gab, da wurde Gerhard Schröder schließlich ganz still. Selten hat man ihn so, nun ja, ergriffen gesehen. Wahrscheinlich ist Papst das einzige Amt, das ein Mensch auf dieser Welt innehaben kann, vor dem Schröder noch Respekt hat. Allen anderen Würdenträgern und Amtsinhabern begegnet er mit seinem üblichen Kodder-Charme, dem schweren Grinsen und den frechen Augen, mit denen er stets angreift und unsichere oder gar peinliche Situationen erst gar nicht aufkommen läßt.

Für jede Besucherdelegation, die das Audienzzimmer verließ, durfte die Delegation aus Niedersachsen einen Raum näherrücken. Plötzlich kommt ein brasilianischer Bischof mit seinem schwarzgewandeten Gefolge durch die Zimmerfluchten, hört, da sind Deutsche, und dreht sich strahlend um: »Guten Tag, dankeschön, Volkswagen«, sagt er. Schröder lacht laut, trotz der Heiligkeit der Hallen. »I am member of the board at Volkswagen«, sagt das Mitglied des VW-Aufsichtsrates stolz. Niemand versteht in diesen Momenten, warum Hillu Schröder aus Prinzip nicht mit zum Oberkatholiken gewollt hatte. Denn diese Zeit im Vatikan – Johannes Paul II. und sein Pillen-Verbot hin oder her –, die würde niemand so schnell vergessen. Diesem Mann habe sie nicht die Hand reichen wollen, sagt Hiltrud Schröder später. Und schon gar nicht habe sie vor »Seiner Heiligkeit« auf die Knie gehen wollen, wie es geboten ist.

Es dauert eine Stunde, dann endlich geht die Flügeltür zur Bibliothek auf, jenem Raum, von dem aus der Papst den Segen »Urbi et Orbi« spricht. Und mit freundlicher Stimme ruft Johannes Paul II. in rollendem Deutsch: »Kommen Sie, Herrr Schrrrröderrr, kommen Sie ruhig näherrr.« Stunden später entdeckt Schröder, als er die fertigen Gruppenfotos sieht, die ein Vatikan-Fotograf bei der Audienz gemacht hatte, daß sämtliche Knöpfe seines dunkelblauen Sakkos noch mit dem Stanniolpapier der Reinigung umhüllt sind. Er hatte es nicht bemerkt – und der Heilige Vater wohl auch nicht.

Im Mai 1998 regnet es in Rom. Es gießt und schüttet. Es gibt keine Privatführung durch die Sixtinische Kapelle, keinen Prosecco an der Piazza Navona, kein Dolce far niente am Abend. Das enge Programm hatte das »Büro des Bundesratspräsidenten« in Bonn zusammengestellt, mit aller politischen Dignität, die diesem Amt gebührt und auf die die Bonner Organisatoren Wert legen. Tagsüber hat Schröder die Parade italienischer Spitzenpolitiker abzunehmen. Morgens Sozialisten-Chef d'Alema. Mittagessen und Tour d'horizon mit Außenminister Lamberto Dini in der Villa Madama auf einem der römischen Hügel. Nachmittags Ministerpräsident Romano Prodi in dessen Büro.

Schröder macht den Römern klar, daß er an der »Ablösung des derzeitigen Kanzlers« arbeite – »aber vornehmlich in Deutschland«. Er hebt unter dem Eindruck carpacciofarbener und pompejisch-roter Deckenfresken plötzlich auf die kulturelle Nähe beider Völker ab, die aus seiner Sicht viel zu oft in den Hintergrund rücke. Seit wann interessiert der sich für Kultur? fragen sich die Journalisten leise. Noch weiß keiner, daß Schröders Leute und er selbst in diesen Tagen nach einem Kandidaten suchen, der den Job eines späteren »Kulturbeauftragten« im Kabinett bekleiden könnte.

Den Witz, den er in seinen Tischreden über seine vermeintliche Zugehörigkeit zur »Toskana-Fraktion« macht, verstehen die italienischen Politiker nicht so wie die mitgereisten deut-

Als Bundesratspräsident mit Ministerpräsident Romano Prodi in Rom – und doch im deutschen Wahlkampf.

Schröder beim Botschaftsdinner in der Villa Almone.

69

schen Journalisten und werfen sich fragende Blicke zu. Er räumt bei Ministerpräsident Romano Prodi das Etikett zur Seite, das ihm Gegner oft angeheftet hatten: Er sei alles andere als ein Euro-Skeptiker, sagt Schröder. Dazu rattert er tibetisch-mühlenartige Sätze herunter wie: »Ohne Wirtschaftswachstum ist Arbeitslosigkeit nicht zu begleichen.« Oder: »An die Steigerung der Sozialleistungen in Deutschland glaube ich nicht. Es geht darum, den Standard zu halten.« Die Reise, zu der er als Bundesratspräsident aufgebrochen war, wird ihm unversehens zur Wahlkampftour. Bereits seit Tagen streiten Corriere della Sera, die große Mailänder Tageszeitung, und die römische La Repubblica darum, wer das große Interview mit dem Kanzlerkandidaten, dem »candidato spd alla cancelleria«, führen darf. Der Corriere gewinnt.

Deutsche Journalisten, die sich nachmittags in der Halle des »Hotel de la Ville« zu ihm setzen, klopfen den Kanzlerkandidaten auf Schwachstellen ab: Kann der Außenpolitik? Kann der Staatsmann? Schröder merkt das gleich bei den ersten Fragen. Und lehnt sich mit dem Weinglas genüßlich zurück. Er wird nicht so blöd sein wie Rudolf Scharping, sein Vorgänger im Amt des Kanzlerkandidaten von vor vier Jahren. Er wird nicht wie der »brutto« und »netto« verwechseln. Er wird keine Bemerkungen zur WM-Mannschaftsaufstellung von Berti Vogts machen. Genausowenig wird er bei außenpolitischen Themen ins Schliddern geraten: »Kinders, hört doch auf: Ihr wißt doch genau«, sagt er kumpelhaft, »ich bin überzeugter Provinzpolitiker. Und Außenpolitik ist ein Thema für Amtsinhaber, nich für Kandidaten.« Ihm sei Außenpolitik, das nebenbei, »in erster Linie Außenwirtschaftspolitik – aber nicht nur.«

Das hätte er nicht sagen müssen, denn es ist seit Jahren

nichts Neues, daß Politik für Schröder ohnehin nichts anderes ist als Wirtschaftspolitik. »Krise ist immer das, was auf dem Rücken der arbeitenden Menschen ausgetragen wird. Deshalb müssen wir die Wirtschaftskraft stärken!« heißt einer seiner Standards in den Reden. Oder: »Wahlen kann man nur mit ökonomischer Kompetenz gewinnen«, oder: »Die arbeitenden Menschen haben immer schon gewußt, daß es ihnen nur dann gut geht, wenn es der Wirtschaft gut geht.«

Es gibt für ihn nicht jene schillernden Themen, die Willy Brandt noch zu seiner Zeit unter dem Sammel-Motto »Mehr Demokratie wagen« präsentieren konnte. Ihm bleibt der Dreisatz »Arbeit-Wirtschaft-Teilhabe«. Mit dem muß er in Zukunft jonglieren. Und sollte er gewinnen, das weiß er schon an jenem verregneten Nachmittag in Rom, als er am Kopf der Spanischen Treppe über das, was vor ihm liegt, sinniert, dann werde er derjenige sein, »der die Mühen der Ebene zu ertragen hat«.

Schröder liebt es, wie ein Gladiator am Ende seiner Vorstellung Fleischbröckchen in die Arenen zu werfen. Er liebt es zuzusehen, wie die Löwen danach schnappen, während er längst zu den Amphoren schlendert: »Übrigens habe ich allen gesagt, daß wir dringend an einer gemeinsamen europäischen Verfassung arbeiten müssen.« Ist das neu? fragen sich die Journalisten und notieren eilig die Ankündigung des Kandidaten, bevor sie sich für den Empfang beim Botschafter richten. »Schröder will eine gemeinsame europäische Verfassung«, steht am nächsten Tag in den Zeitungen.

Am Abend kurvt Schröders Kolonne durchs verregnete Rom in die Via Cristoforo Colombo, außerhalb der aurelianischen Stadtmauern. Dort liegt die Residenz der Deutschen Botschaft. Botschafter Dieter Kastrup ist ganz überwältigt:

Nie zuvor hat es in seiner Residenz eine solche Dinner-Runde gegeben. »Parterre du Roi« nennen Italiener ein Aufgebot dieses Kalibers: »Parkett des Königs«. Gewerkschaftsführer, Parteiführer, Ex-Präsidenten, der Verteidigungsminister, der Kulturminister und der wahre Big Shot der Herren-Tafel: Giovanni Agnelli, der legendäre Fiat-Boß. Der sei nicht einmal nach Rom gereist, um Präsident Clinton zu begrüßen, erzählen die staunenden Gäste. Nein, Agnelli habe Clinton nach Piemont kommen lassen. Doch bei Schröder erscheine der in Rom, sogar auf Krücken. Eine Sensation.

Von »Automann zu Automann« plaudern beide vorm Dinner. Schröder schmeichelt dem soignierten 77jährigen, der an jenem Abend am Stock geht, weil er sich bei einem Sturz im Bad das Hüftgelenk brach. »Ich habe mal einen großartigen Satz von Ihnen gelesen«, erzählt Schröder, »der lautete: ›Ich rede manchmal mit Damen, aber niemals über sie‹ – das hat mir gefallen, das habe ich mir gemerkt.«

Nudeln, Fisch, Rindfleisch. Die Herren, ausschließlich Herren, sitzen an Calla, Rosen und Löwenmäulchen. Selbst die Gattin des Botschafters muß an den Nebentisch. Es ist wie im alten Rom. Dem Kandidaten gefällt's. Und dann hält Schröder eine Stegreif-Rede, die so italienisch an Herz, an Ehre, Eitelkeit und Ego der anwesenden Honoratioren geht, als habe Schröder sein Leben ausschließlich in den Zirkeln der Leoparden, den Palästen der Fürsten und Noblen verbracht. Perfekt, sagen die Herren der Botschaft: Der hat den richtigen Ton getroffen – bei jedem.

Aber weil ihm alles sehr Feine, sehr Gediegene nach einer Weile zu steif wird, drängt Schröder zum Aufbruch. »Wo ist hier eine Kneipe?« fragt er die ortskundigen Korrespondenten und rennt im Regen die Spanische Treppe hinab. Vergebens, keine Bar, in der man um diese Zeit gepflegt absacken könnte. Oder »schremppen«, wie Schröder das Rotwein-Trinken auf der Spanischen Treppe nennt, in Anlehnung an Jürgen Schrempps (Daimler) Alkohol-Ausfall vor Jahren. Die Reisegruppe landet nach vergeblicher Suche in der Bar des »Hotel de la Ville«. Schröder bestellt Wein und Geschichten. Zwischendurch erzählt er selber welche. Die Bodyguards bestellen Wasser, richten sich auf eine lange Sitzung und einen kurzen Schlaf ein.

Schröder erzählt, wie dreckig es ihm ging, als er Anfang des Jahres '98 den Preussag-Stahl-Deal einfädelte. Als er mit niemandem darüber reden konnte. Da haben die Zeitungen geschrieben: Schröder wird nervös, weil Oskar ihn nicht ranläßt. Aber nervös war er auf der »Nordlichtreise« nicht wegen der wackeligen Kanzlerkandidatur, sondern weil er dachte: »Wenn das schiefläuft, läuft auch die Niedersachsen-Wahl schief.« Er hatte das Gefühl, Preussag-Chef Michael Frenzel wolle ihn reinlegen, würde ihm eine Falle stellen. Die Preussag-Sache könne der absolute Querschläger für seinen Wahlkampf werden, ahnte Schröder. »Denn den Stahl-Kumpel interessiert nur, wenn ich den Betrieb retten kann«, so Schröder, »und nicht, daß ich's versucht habe.« Würde das Unternehmen an den österreichischen Montankonzern Voest-Alpine verkauft, wie der Preussag-Konzern das geplant hatte, so sah Schröder 12 000 Arbeitsplätze in Gefahr, und das würde ihn Stimmen bei der Niedersachsenwahl kosten. Dieses Hin und Her, die Verhandlungen mit den Preussag-Leuten, die Sitzungen, in denen er die hannoversche Nord-LB überzeugen mußte, das Werk für 1,06 Milliarden Mark zu übernehmen – all das seien harte Wochen für ihn gewesen. »Und jetzt haben wir da ein hochinteressantes Beteiligungsmodell. 50

73

Prozent gibt die Nord-LB an die Börse. Den Rest verteilen die an die Belegschaft, oder so – Mensch Kinder, ich weiß das doch auch nicht so genau. Fragt doch einen Experten.«

Bis drei Uhr morgens sitzt er mit Journalisten in der Bar des Hotels. Bis drei Uhr morgens Zigarren, Wein und Bier. Um halb acht weckt ihn Büroleiterin Sigrid Krampitz vom Frühstücksrestaurant aus. Ihr Chef frühstückt nie: »Mir wird schlecht, wenn ich so früh was essen muß«, sagt er. Um acht startet der winzige Bundesratsflieger nach Mailand. Außer Sigrid Krampitz und seinen Bodyguards kann niemand Schröders Gesicht richtig ansehen, wie die Laune ist. Ob es okay ist, wenn sich die Journalisten zum Plaudern in sein Compartiment setzen. Ob es besser ist, ihn in Ruhe die Meldungen der Deutschen Presseagentur, FAZ und Bild-Zeitung lesen zu lassen. Oder ob es hülfe, wenn sich die nervende Journaille einfach kurzfristig auflöste. Manchmal ändert sich seine Laune auch von einer Sekunde zur anderen. Am Morgen ist der Muffel unberechenbar.

Um elf hat er die übliche Tagesform und das Verlagsgebäude des Corriere della Sera erreicht. Anderhalb Stunden Fragen und Antworten, synchron-gedolmetscht, in der ehrwürdigen Redaktions-Konferenz. Die Redakteure geben sich staatsmännischer als der Politiker. Sie fragen nach dem Euro und der SPD. Sie loben auch die Verdienste des Staatslenkers und Europa-Politikers Kohl. Und Schröder schließt sich dem Lob mit gönnerhafter Geste an, um die Hymne dann mit einem seiner »Übrigens«-Sätze zu beenden. »Übrigens ist Helmut Kohl auch nicht als großer Staatsmann und Außenpolitiker ins Kanzleramt eingezogen: Ich erinnere mich noch, wie er einmal bei einem Interview mit ›Newsweek‹ Michail Gorbat-

Mit Giovanni Agnelli von »Automann zu Automann«

Pressekonferenz beim »Corriere della Sera« in Mailand

75

Mit Büromanagerin Sigrid Krampitz vorm Mailänder Dom

schow mit Joseph Goebbels verglichen hat. Das war auch keine außenpolitische Glanzleistung.«

Alle, besonders die deutschen Journalisten sind beeindruckt: Daß er eine so niederschmetternde »Würdigug« des Gegners aus dem Hut zaubert – à la bonne heure. Daß er sowas parat hat, Donnerwetter, denken seine Referenten. Sie hatten ihn nicht gebrieft. Dann verrät dpa-Redakteur Uli Steinkohl beim Mittagessen, daß er in seinem Feature zur außenpolitischen Mission Schröders vom Vortag genau diese Episode erzählt habe. Schröder hatte die Meldung am Morgen gelesen, gespeichert und gleich bei der ersten Gelegenheit verpulvert. Wie jeder gute Futterverwerter ist er immer auf der Lauer nach verwendungsfähigen Pointen. Ist saugfähig für jedes originelle Wort, ist hellhörig, wenn bierzeltgerechte Dichterzitate oder Journalisten-Bonmots die Runde machen.

»Nach dem Euro schaffen wir die politische Einheit«, titelt der »Corriere« sehr würdig und sehr langweilig am nächsten Tag mit einem Zitat des Kandidaten. Als Gastgeschenk erhält Schröder einen alten Kupferstich der Stadt Mailand. Aber mit solch handgestochener Kunst kann er so wenig anfangen wie mit zu dicken Romanen.

Dann Mittagessen im Ristorante »Savini« in der Passage Vittorio Emanuele II. Schröder palavert mit den Höchsten der Stadt. Nein, müde ist er nicht. Obwohl es warm ist, obwohl es schon wieder Wein gibt. »Ich kenne Sie«, sagt ein junger Bosnier auf deutsch, als Schröder das Restaurant verläßt. Der bleibt verdutzt stehen und fragt: »Woher denn?« »Aus dem Fernsehen.«

Kurz darauf stellt ihn eine Reisegruppe aus dem Eichsfeld. Schließlich posieren ein sächsisches Ehepaar und ein Trupp italienischer Muskeljungs auf der Mailänder Domplatte mit

77

ihm. Mit Mühe schafft Schröder es zu einem unauffälligen Platz rechts vorm Dom. Die Siesta dauert eine Stunde, er ruft »seine Mädels« zuhause an und im Büro. Dann geht der Flieger nach Köln. Landung um halb sieben. Um sieben Rede vor den Verbandsgenossen der Deutschen Industrie, anschließend Streitgespräch mit deren Chef, Hans-Olaf Henkel. Es gibt ein ausführliches Abendessen, um halb zwei ist er endlich in Hannover.

Wie schafft der Mann das – konditionell? »Ich leb' ja jetzt gesünder«, grinst Schröder, »und trink' nich mehr so viel Rotwein.« Er hätte auch in Köln schlafen können, und am nächsten Morgen zu den Terminen in Berlin fliegen, aber »ich bin ja erst seit einem halben Jahr verheiratet«, sagt er, »da muß ich noch nach Hause.«

»Im übrigen bin ich gelassen«
Magie und Mühen der Ebene

Langsam, aber mit wenig Erfolg versuchen Schäuble und Co., die Schröder-Euphorie zu zerbröseln: Der Mann habe kein Programm, klagen sie, eine Luftblase sei er. Einer, der ausschließlich die Medien beherrsche, nicht aber das politische Schwarzbrot-Geschäft. Am 23. April redet der Kanzlerkandidat zum ersten Mal im Bundestag. Die Spannung vor diesem ersten Duell der beiden Gegner ist groß, die Pressebank voll wie selten bei Plenarsitzungen des Bundestages. Doch Schröder tut niemandem den Gefallen, den bislang faden Wahlkampf mit scharfen Attacken zu würzen. Er ist moderat und staatsmännisch, als es um die Einführung des Euro geht. So polemisch, wie er vor Tagen noch war, als er den Euro eine »kränkelnde Frühgeburt« nannte, ist er zum Leidwesen der Regierungsbänkler an diesem Vormittag nicht. Im Gegenteil, er bietet den Rednern der CDU und allen voran dem Bundeskanzler keinerlei Angriffsfläche. Er läßt den massigen Gegner in Watte laufen. So macht dem Kanzler Wahlkampf keinen Spaß, das können die Beobachter auf der Pressetribüne deutlich sehen. »Ohne Scheinwerfer und Musik«, höhnt CDU-Fraktionschef Wolfgang Schäuble mit Seitenhieb auf das Getöse am Inthronisations-Parteitag, da seien seine Reden »doch ziemlich dünn«.

Am gleichen Abend, 450 Kilometer weiter nordöstlich.
»Ohm'sches Haus« in Dannenberg. Die Frauenbeauftragte
der Samtgemeinde und die Leiterin der Bibliothek haben Hiltrud Schröder zu einer Lesung eingeladen. Hundert Stühle
sind aufgestellt, doch die sind schnell besetzt. Es sind auch
Männer gekommen, um die ehemalige First Lady für zehn
Mark Eintrittsgeld lesen zu hören. »Auf eigenen Füßen« heißt
das Buch, das sie kurz nach der Trennung geschrieben hatte.
Und natürlich haben die meisten gehofft, sie werde über ihren
Ex-Mann vom Leder ziehen. Doch auch Hillu enttäuscht an
diesem Tag ihre Zuhörer. Gewiß, alle sind angetan von ihrer
winzigen Figur, ihrem Teepüppchen-Charme, ihrem langen
Hals, um den sie wie immer ein enges Seidentuch und eine
Perlenkette trägt – der typische »Hillu-Look« eben. Aber Hiltrud Schröder erzählt bloß von ihren Reisen nach Tschernobyl, von ihrem Großvater, davon, wie sie mit der Politik in
Berührung kam – und nicht davon, wie sie mit einem Politiker in Berührung kam. Nur einmal, da tüpfelt sie einen Nebensatz hin – »wobei ich sagen muß, daß sich bei mir die politischen Inhalte nicht verändert haben« – doch der ist so pastellen, daß niemand ihn sieht, oder gar lacht.

Die Frauen in den Reihen sind ergriffen und irgendwie
hin und hergerissen. Nicht von dem, was Hillu in den Kinderkrankenhäusern von Gomel erlebte, sondern von dieser
Fleisch gewordenen Tapferkeit, der sie nicht ganz trauen können. »Daß er *die* verlassen hat!« raunen sich Landfrauen zu,
und es schauert ihnen beim Gedanken, plötzlich selbst verlassen zu sein. Hillu spielt Eiserne Lady, tut, als sei sie froh, ihn
überstanden zu haben, als hätten sie schon lange nicht mehr
zusammengepaßt – politisch. Sie lacht fröhlich und scheu
zugleich, redet mit beherzter Knabenstimme und ist für die

Zuhörer in diesem Moment die Princess Diana vom Wendland.

Hiltrud Schröder trägt inzwischen eine Goldrandbrille, die Lockenmähne glatt geföhnt (»Sieht aus wie Doris«, finden einige Frauen, die an der Tür auf sie gewartet haben). Und sie trägt einen dicken Brilli am Finger. Ja, es gebe einen neuen Freund. Die Bildzeitungsleute aus Hannover hätten schon tagelang auf Geheiß ihrer Hamburger Chefredaktion vorm Haus in Immensen lauern müssen, erzählt sie, um herauszufinden, wer es sei. »Hillus Neuer« – das wäre eine echte Meldung überm Bruch. Aber sie verrät nichts. Sie will nicht mehr in der Bild-Zeitung auftreten, nicht mit ihrem privaten Leben.

Vor kurzem hat ihr ein Kunde jener Agentur, für die sie arbeitet, indem sie karitative Sponsoren anwirbt, einen Job als Repräsentantin in Paris angeboten. Welche Endvierzigerin kriegt noch solche Offerten? Aber sie hat keine Sekunde überlegt: Warum sollte sie sich »zu allem« auch noch das Heimweh, das sie in Frankreich haben würde, antun? Auf dem Flughafen von Kairo haben Urlauber die Urlauberin Schröder gefilmt, als sei sie eine der Attraktionen Ägyptens. Auf Bahnfahrten wird sie von Schaffnern um Autogramme gebeten, immer noch. Sie wird zu Kongressen eingeladen von der Vereinigung »Ärzte gegen Atom«, zu Lesungen, zu Podiumsdiskussionen, auch zu den Empfängen der Schaumburg-Lippes. Einmal hat ihr eine Frau alte Liebesbriefe von Doris Köpf angeboten. Hiltrud Schröder hat dankend abgelehnt. Es reicht ihr, wenn sie seine Neue gelegentlich an den Kiosken sieht, oder im Fernsehen.

Ansonsten kommen die Einladungen und Termine, als sei nichts gewesen. Dabei ist sie schon lange nicht mehr Vorsitzende der Stiftung »Kinder von Tschernobyl«, und noch län-

ger nicht mehr Ministerpräsidenten-Gattin. Einmal hatte ein
SPD-Ortsverein sie zur Lesung eingeladen. Da gab es vorher
Zoff: »Wie könnt ihr dem Gerd das antun?« erregte sich ein
Genosse. Da wurde sie wieder ausgeladen. »Noch Fragen?«
fragt die Bibliotheksleiterin von Dannenberg in die Halle des
glatt restaurierten Fachwerkhauses. Doch es findet sich an diesem Abend niemand, der beherzt genug wäre, dieser zartbit-
teren Frau eine Frage zu stellen.

Jan Roß, Journalist der Berliner Zeitung, weiß nicht recht, ob
er über Gerhard Schröder frohlocken oder resignieren soll:
»Nicht einmal Schröders notorischer Opportunismus, die
atemberaubende Mutation vom kapitalistenfressenden Juso
zum Managerfreund, vom Atomgegner zum Bremser in Sa-
chen Ökosteuer, wird ihm ernsthaft schaden. Gerade die offen zur Schau gestellte Grundsatzlosigkeit, die Unterordnung
von Prinzipien unter Karriereambitionen, trifft den Nerv der
Zeit.«
    Doch was juckt das alles einen Gerhard Schröder? Es ist
eine herrliche Zeit für ihn. Er lebt nach dem Wilhelm-Busch-
Motto: »Bemüh' Dich nur und sei hübsch froh, der Ärger
kommt dann sowieso.« Und im Moment bemüht er sich nur
und ist hübsch froh. Der Zoff mit den Parteifreunden, mit
Oskar Lafontaine und die Mühen des Hochplateaus, das alles
wird schon noch kommen, wenn er denen erst mal die Wahl
gewonnen hat. Da ist er sich sicher. Dann werden sie ihm
reinreden wollen, werden wieder intrigieren, schikanieren,
wie er es gewohnt ist. Nein, von dem Burgfrieden, den sich
die Partei in den Monaten vor der Wahl auferlegt hat, läßt er
sich nicht einlullen. Aber auch nicht nervös machen. Er war
immer ein Einzelkämpfer. Und hat am Ende immer gewon-

nen. Er war schon immer Primadonna – zur Not stirbt er
eben einsam.

Im Mai beobachtet er, wie stolz und aufgereckt sich seine
»Sozen« auf den Kongressen geben, die die Partei ihm organisiert. Völlig neue Kollegen sind das, die ihm da auf einmal
begegnen. Heidi Wieczorek-Zeul als Europa-Expertin etwa,
immer in der ersten Reihe. Otto Schily, der Innere-Sicher-
heits-Mann, und Rudolf Scharping als Außen- und Sicher-
heitspolitiker. Letzterer kann vor lauter staatsmännischer
Würde noch weniger schlendern als sonst. All die Strucks und
Müllers, die Matthäus und Meiers legen auf dem Bonner
Boden eine völlig neugewonnene Arroganz auf. Das amüsiert
ihn.

Er sitzt im Garten seiner Bonner Landesvertretung. Er hat
Lust auf Champagner. Die Sonne scheint, privat ist er glücklich. Es ist eine Zeit, in der er sich einfach mal »über nix
ärgern muß«. SPD-Sozialexperte Rudolf Dreßler ist zwar be-
leidigt und verletzt, weil nicht er Arbeitsminister-Kandidat in
Schröders »Team der Lichtgestalten« wurde, sondern der
Gewerkschaftsmann Walter Riester, aber »das mit dem Rudolf« werde er denächst schon wieder hinbiegen. Schröders
Gelassenheit wirkt nicht eben aufgesetzt, aber zuweilen doch
provozierend selbstgefällig.

Zu jener Zeit, so bekennt Schröders Wahlkampfmanager
Bodo Hombach später, hätte die Gegenseite am ehesten Ge-
genkampagnen plazieren können. Denn nicht nur in der Ren-
tenfrage hätte man auch im Wahl-Sommer auf die Vielstim-
migkeit der Genossen bauen können. Aber es passierte nichts.
Das SPD-Trauma »Immer wenn es ernst wird, verkrachen
die sich« schien überwunden. »Das ist das eigentliche Wunder dieser Kampagne«, schwärmt Hombach heute: Die »ba-

lance of power«, das krisenfesteste System der Menschheitsgeschichte, habe diesmal sogar bei den Sozialdemokraten funktioniert.

Nein, er habe nicht eine Sekunde lang Angst vor dem, was im Herbst auf ihn zukommen könnte, sagt er an jenem Nachmittag. Nein, er stehe auch nicht manchmal neben sich und staune über sich: »Denn ich weiß ja, daß ich's kann«, sagt er. Seine Krawatten sind schon jetzt so diagonal gestreift, wie es sich für einen »Mister Germany« gehört. Lange nicht mehr so bunt wie früher. Oder so symbolträchtig. Als sie nichts als einen einzelnen Wolfskopf auf blauem Grund zeigten oder eine Galerie von Logenplätzen im Theater.

»Mir ist jetzt klar, was der Kohl immer mit den Straßen und Plätzen meint«, sinniert Schröder, »genau das ist ein unheimliches Stimulans.« Die direkte Reaktion der Menschen. Sie treibe ihn immer noch an, selbst wenn er müde sei und erschöpft. Wie neulich, als sie nachts auf eine Autobahnraststätte bogen. Da sei eine Rentnergruppe schier aus dem Häuschen geraten, als sie ihn sah. Mitten in der Nacht. Sie hätten ihm Glück gewünscht, ihm auf den Schultern rumgeklopft und gar nicht mehr aufhören wollen. Das sei es, was auch ihn zum Weitermachen treibe – »diese Zustimmung der Straßen und Plätze«.

Mit Freuden sieht er: Wenn einem einmal »der Mist an den Füßen klebt« wie der CDU, »kriegt man immer noch was dazu«. Gerade hat die Regierung ihren Sprecher Peter Hausmann entlassen und den notorischen Dampfplauderer Otto Hauser für ihn eingestellt. Da müht sich Umweltministerin Angela Merkel mit dem Skandal um die verstrahlten Atomtransport-Behälter herum und mit den Energiekonzernen, die ihr jahrelang auf der Nase rumtanzten. Und schon ist fast vergessen, daß auch der »Kanzlerkardinal« von einem seiner »Landesbischöfe« gerade aufs ärgerlichste blamiert worden war. Der sachsen-anhaltinische Ministerpräsident Reinhard Höppner wollte der Enzyklika Schröders partout nicht Folge leisten. Kurz brachte er damit die Friede-Freude-Eierkuchen-Stimmung der Kanzlermacher zum Kippen.

Am 26. April hatte Sachsen-Anhalt gewählt – dummerweise auch die rechtsradikale DVU. Für die SPD reichte die Stimmenzahl wieder nicht für eine ordentliche Regierung. Die Frage lautete: Koalition mit der CDU oder eine Minderheitsregelung, die mit Duldung der PDS funktioniert? Brav hatte Reinhard Höppner am Nachmittag noch die Weisung des Bonner Parteivorstands abgenickt, in Magdeburg mit den Schwarzen groß zu koalieren und nicht mit den roten Genossen der PDS. Doch am Abend hatte er dann trickreich eine Möglichkeit gefunden, sich doch nicht daran halten zu müssen. Er könne einfach nicht mit dem verhaßten CDU-Mann Bergner, hatte er gesagt, dann aber einen anderen Konflikt vorgeschoben und hochgespielt. Man sei sich über den Umgang mit der DVU nicht einig geworden...

»Ich habe viel darüber nachgedacht, warum die Kollegen im Osten anders ticken als wir, warum die unpolitischer sind«, beginnt Schröder seinen Erklärungsversuch. Und fährt fort, wie üblich mit der Phrase «Das hat zu tun mit...«. Es ist seine Lieblingswendung, ein »Schröderismus«. Ganze Reden kann er mit »Das hat zu tun«-Sätzen bilden. Manchmal, ohne daß der Zuhörer am Ende überhaupt die Zusammenhänge zwischen zwei Phänomenen erkannt hätte.

In diesem Fall hat es zu tun damit, daß Höppner das Menschliche wichtiger ist als die politische Strategie. Besonders eine solche Strategie, die sich irgendwelche Kollegen da unten in Bonn ausgedacht haben. »Das ist nicht gerade angenehm für den, auf dessen Rücken sowas ausgetragen wird«, meint Schröder, der selbst bei allem, was er tut, Stratege ist, und gibt sich diesmal seelenruhig, »aber dafür haben die im Osten überhaupt kein Unrechtsbewußtsein.« Statt dessen hatte CDU-Wahlkampfplaner Peter Hintze sofort ein Bewußtsein für Höppners Alleingang. Flugs ließ er Plakate drucken, die als »Rote-Hände-Kampagne« sogar in der eigenen Partei auf Ablehnung stießen.

Ein Grund für Schröders Ruhe und Ausgeglichenheit im Frühsommer des Wahljahres ist die Gewißheit, daß immerhin sein engster Kreis mit sagenhafter Loyalität für ihn arbeitet. Daß er sich sicher fühlen kann bei seinen Leuten und aufgehoben. Er weiß, alle, die für ihn arbeiten, sind bis zur Erschöpfung gefordert – aber niemand klagt darüber. Frank-Walter Steinmeier, Chef der Staatskanzlei, bereitet ihn auf Bundesrats-Angelegenheiten vor, hält ihm »die Kreisstraße 14« und anderes allzu Niedersächsische vom Hals. Und er arbeitet an der »Agenda 2000«, einem umfangreichen Konzept für das Jahr 1999, in dem die Deutschen – und nun also Schröder – turnusgemäß die Präsidentschaft der Europäischen Union übernehmen.

»Es ist ein Segen, daß er alles so schnell aufnimmt«, sagt Sigrid Krampitz, seine Büroleiterin. Reden, die die Pressestelle ihm schreibt, überfliegt er einmal – und hat sie im Kopf. So als müsse man ihn nur vorn mit Kakao füttern, damit danach Schokolade rauskommt, reichen ihm Stichworte, Versatzstücke, Bilder. Die Vorbereitungen für einen Termin-Nachmittag, an dem Interviewer, US-Senator Richard Luger nebst Botschafter John C. Kornblum, der Präsident des deutschen

Sportbundes, Manfred von Richthofen, und die Einladung zum Deutsch-Russischen Forum im Rheinhotel Dreesen aufeinanderfolgen – diese Zurüstungen läßt er sich mit dem Mittagessen einflößen.

Die tägliche Unterschriftenmappe legt ihm Sigrid Krampitz so vor, daß er blind unterschreiben kann. Nur manchmal warnt sie: »Hier solltest du noch mal draufgucken, und das mußt du unbedingt lesen.« Ansonsten vertraut Schröder seiner Kernmannschaft ohne Vorbehalt. Und bisher sind keine schweren Fehler passiert. Doris Scheibe, Sekretärin von Anbeginn, sortiert Anrufer in willkommene und unwillkommene. Sie ist gleichmütig und durch weniges aus der Ruhe zu bringen. In Schröders turbulenten Lebensabschnitten hat sie es auch schon übernommen, seine Hemden zum Waschen zu bringen. »Nach der Wahl will ich aber endlich Honorarkonsulin in Florenz werden«, droht sie ihm gelegentlich. Doch ernst ist das nicht gemeint.

Pressechef Heye schreibt Schröder die Reden für Parteitage, Parlamentarische Abende, Podiumsdiskussionen, Kongresse. Er läuft in diesen Wochen zu ungewohnt lebhafter Form auf, denn endlich wird er wieder gefordert. Die Jahre in der Staatskanzlei mit dem ewig-niedersächsischen Klein-Klein hatten ihn lange nicht mehr ausgefüllt. Von Schröder wird er nur noch »Sir Heye« genannt. »Er ist mein grünes Gewissen«, sagt Schröder, »und manchmal auch meine sozialdemokratische Bremse, wenn ich zu doll den Industriepolitiker mache.«

Als Sprecher des Kanzlerkandidaten bezieht er sein Gehalt in dieser Zeit zur Hälfte von der Partei. Pressesprecherin Sabine Haack dichtet nebenher in Schröders Sinne einen offenen Brief des Kandidaten an Harald Juhnke, der im Spiegel gedruckt wird. Heinz Thörmer, Schröders Abgesandter aus der

87

Staatskanzlei, streitet sich in Bonn mit den Kampagnen-Planern der Partei, der »Kampa«, über deren unlogische Plakatentwürfe: Was soll das heißen, sprengen Heye und er die Präsentation, »Delphine haben das bessere Sozialsystem«? Und wieso werben wir mit Delphinen? Damit wirbt der Deutsche Katholikentag in diesem Jahr, oder die Autofirma Audi. Was haben Delphine mit der SPD zu tun? Sie streiten sich teils laut, teils launig über »Flipper und seine Renten- und Sozialversicherung«. Und Thörmer erklärt dem »Leitungskreis« mit Franz Müntefering und seinen Kampfstrategen, daß Deutschland – egal, ob CDU oder SPD regieren – trotz allem wohl eines der besten Sozialsysteme der Welt habe. Schließlich kommen sie auf einmal darauf, daß die Hamburger Werbeagentur KNSK schlicht »Sozialsystem« und »Sozialverhalten« für ein und dieselbe Sache gehalten hatte. Schröder hatte nur kurz die Nase gerümpft, als er die ersten Entwürfe der Agentur sah. Im Juni ist die Neuauflage fertig und genehmigt. Schröder dreht mit dem Werbefilmer Laszlo Kadar auf Borkum seinen Wahl-Spot. Und neben all dem Streß finden in Hannover noch zwei aus seiner Pressestelle zueinander, was Schröder eigentlich unnötig findet.

Er hat es am liebsten, wenn alles auf ihn ausgerichtet ist. »Ich bin sein Beleuchter«, sagt Heye deshalb gern, wenn er seine Funktion beschreiben soll. Mit Büroleiterin Krampitz, einer gelernten Lehrerin, hat Schröder in diesen Wochen eine Nähe, die der eines alten Ehepaars gleicht. Sie kennen sich so genau, daß sie ihn mit Blicken dirigieren kann: Beende deine Rede, wir müssen gehen. Nein, nicht noch ein Bier, geh lieber ins Bett. Und: Streich Dir die Haare aus dem Gesicht, du wirst fotografiert. Umgekehrt signalisiert auch er ihr: Halt mir die Leute vom Hals, laß uns schnell gehen. Ich hab' Hunger,

organisier mir mal so'n Teller. Sie ist selbst in Hintergrundgesprächen diskreter als er. Sie weiß, wie er denkt und fühlt,
ahnt voraus, was er auf Fragen antworten wird. Mit Journalisten geht sie um wie eine geduldige Vertrauenslehrerin, nichts
nervt sie. Jedenfalls verbirgt sie mögliches Genervtsein perfekt
hinter einem stets freundlichen Gesicht. Sie hatte zu Albrecht-
Zeiten bei der Frauen-Beauftragten des Landes gearbeitet, war
dann als Leiterin des Protokolls zum Ministerpräsidenten
Schröder in die Staatskanzlei gewechselt. Als Schröder 1994
vor einer chinesischen Delegation in Hannover reden mußte,
wollte er – ein Jahr nach dem Massaker auf dem Pekinger
Tienanmen-Platz – unbedingt die Menschenrechtsverletzun-
gen der Chinesen ansprechen. Aber so, daß sie ihr Gesicht
nicht verlören. Sigrid Krampitz schlug bei Konfuzius nach,
schrieb eine beeindruckende Rede und wurde bald seine
Büroleiterin.

Im Juni soll auf Borkum der Wahl-Werbespot gedreht werden. Als er rumzickt, weil er keine Lust hat, ohne seine kran-
ke Frau und die verkühlte Tochter ein langes Film-Wochenen-
de auf Borkum zu verbringen, staucht Sigrid Krampitz ihn
zusammen: »Das mußt du machen. Der Mann dreht für
Mercedes und BMW, den kannst du nicht behandeln wie den
dritten Geschäftsführer einer Werbeagentur.« Mit dem Mann
ist der preisgekrönte Filmemacher Laszlo Kadar gemeint, der
das Wahlkampf-Finish drehen soll. Den Schröder-Spot will er
genauso kühn machen wie einen Mercedes-Werbefilm. In seinem bekanntesten ließ er vor Jahren den Konstrukteur Bela
Barenyi durch einen Schloßpark wandeln und über Sicher-
heitssysteme am Auto nachdenken. »Na gut,« sagte Schröder,
»ich reiß' mich zusammen.« Zur Sicherheit schickt die SPD-
Zentrale dennoch den Kampa-Mann Franz Müntefering als

Schönwetter-Macher und Klimafaktor auf die Insel. Doch dessen Reise wäre gar nicht nötig gewesen. Denn als Schröder den Regisseur schließlich im Hotel »Vier Jahreszeiten« auf der Frieseninsel kennenlernt, ist er ganz Zucker und Honig. Und Kadar ein Profi, der keine Zeit verliert. Das hat Schröder imponiert. »Sigrid ist unbezahlbar«, sagt er, wenn er über sie spricht. Und das ist mit das höchste Lob, das er zu vergeben hat. »Dieser unduldsame Mensch«, sagt sie manchmal. Und das ist die schlimmste Kritik, die sie an ihm übt – wenn jemand zuhört.

Mag sein, daß es gelegentlich Friktionen und Ellenbogenrangeleien gibt zwischen seinen Hannoveranern und den Bonnern in Franz Müntefrings Wahlkampfzentrale. Zank deshalb, weil die einen sich fürs Inhaltliche zuständig fühlen und die anderen für mehr als das bloß Organisatorische. Schröder kriegt davon nicht allzuviel mit. Denn nicht nur Doris Scheibe und Sigrid Krampitz halten ihm Unangenehmes vom Hals. Das ganze Team weiß, daß es die Laune, die positive Ausstrahlung, die heitere Zuversicht Schröders nicht durch Niggeligkeiten gefährden darf. Sie sind das wichtigste Kapital gegen den immer verdrießlicher wirkenden Helmut Kohl.

Im Grunde läuft alles so geschmiert wie der Dreh in den Babelsberger Filmstudios, den ihm die Bonner Kanzlermacher organisiert haben. Schröder spielt in der Dauerserie »Gute Zeiten, schlechte Zeiten« eine Minirolle: Ein Politiker sitzt in einem Restaurant, erkennt, daß dort ein Polterabend vorbereitet wird, und wünscht dem Brautpaar Glück. Der Hobby-Schauspieler von der Leine, der schon Erfahrung im »Großen Bellheim« von Dieter Wedel sammeln konnte, formuliert frei und läuft keinmal aus dem Bild. Regisseur Jörg

Wilkraut ist begeistert: »So ein Talent! Ich hab' ihm die Rolle nur ein Mal erklärt, und der spricht seinen Text, ohne sich einmal zu verhaspeln.«

Reden kann er nun mal praktisch »im Schlaf«. In München-Trudering stürmen 3000 Menschen ein Festzelt, um ihn zu hören. 2000 müssen draußen bleiben. Einer reicht ihm anschließend seinen drei Monate alten Sohn Paul, »damit der mal stolz sein kann, bei einem Kanzler auf dem Arm gewesen zu sein.«

»Die Welt ist bekloppt«, denkt Schröder in solchen Momenten.

Seine Glückssträhne hat plötzlich ganz Niedersachsen gestreift: Regionalligist Hannover 96 schafft endlich den Aufstieg in die zweite Liga. VW gewinnt im zweiten Anlauf – so scheint es – gegen Edmund Stoibers BMW im Poker um die Königs-Karosse Rolls-Royce. (Muß wenige Wochen später dann aber doch mit BMW gemeinsame Sache machen.) Vier Monate nach seiner gewagten Preussag-Stahl-»Verstaatlichung« geht die Firma an die Börse. Niedersachsens Wirtschaftsminister verzeichnet dabei einen Gewinn von gut 40 Millionen. Auf den Wirtschaftsseiten der Tageszeitungen feiert man nun auch noch »Die Stahlhändler aus der Staatskanzlei«.

Am Tag bevor Schröder die Baustelle des neuen Kanzleramtes in Berlin besichtigen will, fragt die Agentur »compact team event-marketing-concept GmbH«, die den Besuch für den Kanzlerkandidaten organisiert, im Kanzleramt nach, ob es besondere Regeln für das Mitführen von Journalisten gebe. Alarmiert ruft Kanzleramtsminister Friedrich Bohl bei Schröders Kanzleichef Frank-Walter Steinmeier an. »Die hatten wohl Angst, daß ich wieder am Bauzaun rüttle«, vermutet Schröder. Als er mit einem Troß von über 60 Reportern und

Kamerateams durch den sandigen Matsch des Spreebogens stapft, wirft er wieder mal einen kleinen Brocken in die Runde: »Ich wollte bloß mal das Kinderzimmer im Kanzleramt ausmessen.«

Zwei Stunden später verliest Parteisprecher Michael Donnermeyer eine überraschende Erklärung: »Wegen der vielen Nachfragen der Kollegen möchte ich nur vorsorglich dementieren, daß Doris Schröder-Köpf schwanger ist. Sie ist es nicht. Der Hinweis auf das Kinderzimmer bezog sich allein auf die siebenjährige Tochter von Frau Schröder-Köpf. Ich danke für Ihre Aufmerksamkeit.«

Es ist kein Geheimnis, daß selbst CDU-Minister wie Volker Rühe die Wahl für die CDU zu diesem Zeitpunkt längst abgeschrieben hatten.

»Von außen riecht's ein bißchen«
Ein Platz am Katzentisch

Anders als die Öffentlichkeit hat sich die alte Parteigarde immer noch nicht mit ihrem Wählermagneten abgefunden. Lieben kann die SPD ihren Vorturner auch jetzt noch nicht. Und das läßt sie ihn da wieder spüren, wo er vor fünf Jahren schon einmal die Kälte der Genossen zu spüren bekam: in Düsseldorf.

Wie üblich steht eine Bergmanns-Kapelle parat. Dann erscheint Johannes Rau, der Steiger, mit seinen Kumpeln aus dem nordrhein-westfälischen Revier. »Glück auf, Glück auf, der Steiger kommt«, spielt die Kapelle. Einige hundert Menschen sind an jenem Frühsommerabend geladen, die Ära Rau zu Ende zu feiern. Ausgerechnet an dem Tag, an dem vor Jahren Raus Karriereträume zunichte wurden. Vor vier Jahren scheiterte er gegen Roman Herzog bei der Wahl zum Bundespräsidenten. Und vier Jahre später scheidet er eher unfreiwillig aus seinen geliebten Ämtern. »Und er hat seinen ledernen Schurz vor dem Arsch«, klöppelt die Kapelle, »und er hat seinen ledernen Schurz vor dem Arsch, Glück auf, Glück au-au-auf, der Steiger kommt.«

Journalisten wie Carmen Thomas und Ernst Dieter Lueg sind zum Servus-Sagen in den Düsseldorfer »Rhein-Terrassen« aufgelaufen. Künstler wie Hanns Dieter Hüsch, der immer dabei ist, und »Roncalli«-Chef Bernhard Paul. Das Ehepaar Clement erreicht den Saalbau, das Ehepaar Cromme von Krupp-Thyssen, das Ehepaar Neuber von der West-LB, das Ehepaar Beitz von der Krupp-Stiftung und das Ehepaar Müntefering von der SPD. Schröder-Berater Bodo Hombach kommt allein zur Abschiedsfeier des Landesvaters Rau, Oskar Lafontaine auch. Die kreisrunden Tische in der Halle sind gedeckt, ein Streichquartett spielt Wiener Caféhaus-Musik und Operette. »Wer uns getraut, ei sprich, ei sprich, der Dompfaff, der hat uns getraut.«

Es bleibt an Hans Hahn hängen, dem Allround-Organisator und Faktotum des Rau-Büros, die Tischordnung für den Abschiedsabend festzulegen. Hektisch läuft er mit den Tischkarten zwischen dem Ehrentisch und dem Tisch daneben hin und her. Klar, die Witwe des früheren Ministerpräsidenten Heinz Kühn, die sitzt natürlich bei Johannes Rau. Klar, auch das Ehepaar Beitz, langjährige Freunde der Raus und Reisegefährten ins Heilige Land Israel, die sitzen natürlich auch hier. Hans-Jochen Vogel soll hier plaziert werden nebst Gattin, das ist Raus Wunsch; und sein Lieblingsgenosse Oskar Lafontaine. Daß sein Nachfolger im Amt, Wolfgang Clement, mit am Tisch sitzt, ist ein Muß. Wohin aber mit dem Kanzlerkandidaten der SPD? Wohin mit Gerhard Schröder?

Erst mal an den Katzentisch. Zwischen die Münteferings? Zwischen Bodo Hombach und – ja, wen soll er nur auf die andere Seite setzen? Rudolf Scharping vielleicht? Hans Hahn läuft der Schweiß von der Stirn, die Brillengläser sind beschlagen. Das Orchester spielt immer noch den Zigeunerbaron: »Die Liebe, die Liebe ist eine Himmelsmacht.« Wie ein albanischer Hütchenspieler läßt Hahn die »Schröder«-Karte hin und her gleiten.

Mit Johannes Rau und Wolfgang Clement auf dem außerordentlichen
Düsseldorfer Parteitag der SPD in NRW.

Und am Abend mit Ehefrau Doris und Bodo Hombach am Katzentisch.

Erst soll der Kandidat zwischen Friedel Neuber und dem DGB-Boß Dieter Schulte plaziert werden. Dann siedeln die Neubers rüber an den Ehrentisch, und die Vogels aus München landen am Schröder-Tisch. Daß man jedoch den Ex-Parteivorsitzenden und Ex-Kanzlerkandidaten Hans-Jochen Vogel und Schröder nicht nebeneinander setzen kann, ohne daß die Stimmung gefriert, das weiß dann auch Hans Hahn. Also gerät die betagte Ärztin der Witwe Kühn, Frau Berta Uwiera, als Stopperin zwischen Schröder und Vogel. Zur Rechten soll nun Klaus Matthiesen, einst härtester Schröder-Gegner, Konversation mit dem Kandidaten machen. Immerhin raucht der. Das Orchester streicht inzwischen letzte Tangos.

Plötzlich funkt der Beobachtungsposten vom Eingang: »Schröder kommt mit Köpf!« Hans Hahn ist am Rande eines Nervenzusammenbruchs. »Ein Stuhl, ein Stuhl, ein Stuhl«, ruft er in alle Richtungen, schiebt wieder und wieder die Karten und schiebt noch, als der künftige Kanzler, eingesponnen in einen Kokon aus Fotografen und Sicherheitsbeamten, in den Saal geschoben wird, geradewegs auf den Ehrentisch zu, der ein bißchen höher ist und größer und schöner und deshalb so unübersehbar. Schröder grüßt die Ehrengäste, die Landesväter und die Industrie-Bosse und findet seinen Platz nicht. Da springt Lafontaine auf und sagt: »Nimm meinen.« Aber Schröder lacht nur und setzt sich mit Ehefrau Doris zu Berta Uwiera, der Leibärztin der Witwe Kühn. Da halten sie sich den ganzen Abend fest umklammert, Doris und er. So, als wolle er sie vor den Spitzen und Seitenhieben, den bösen Blicken der anderen schützen. So, als suche er selbst Schutz vor deren Schadenszaubern. Dort setzt er sein Pokerface auf, als Hans-Jochen Vogel vor allen Leuten eine Abrechnungs-

und Abstrafungsrede gegen ihn hält, die eigentlich eine Lobes-
und Abschiedshymne an Rau sein soll. Er rührt sich kaum,
pult nur am Ohr, wie immer, wenn die innere Anspannung so
groß ist, daß sie wenigstens in einer kleinen Geste auslaufen
muß.

»Ich sach in solchen Fällen immer: Meine Partei is wie ein
Schafstall«, kalauert Gerhard Schröder, »von außen riecht's
ein bißchen, aber wenn man drin is, isses schön warm.«

»Genierlich war mir meine Herkunft nie«
Ein Ausflug in die Kindheit

In Hannover hatte noch die Sonne geschienen. Aber jetzt fährt der Zug nach Südwesten, durchs Lipperland. Auf den Kuhweiden sind nur die schwarzbunten Füße der Kühe erkennbar. Direkt darüber sitzt der Nebel. In Paderborn ist es grau an diesem Maitag. Doch Erika Vosseler ist das Wetter egal. Sie hat ein gemustertes Kleid angezogen, die Haare sind frisch geschnitten und bilden kleine rotblonde Löckchen. Zur Feier des Tages hat sie eine weiße Schürze vorgebunden. Im Fernsehen läuft »Reich und schön« – ihre Lieblingssendung.

Tochter Gundi, mit der sie seit zwei Jahren zusammenlebt, stellt den Fernseher aus, als es an der Tür klingelt. »Schon wieder Reporter?« hatte eine Nachbarin vor den Gelbklinker-Häusern gefragt, »is auch lästich, oder?« »Nö«, hat Schröders Mutter geantwortet und den Mund dabei keck in die Luft gespitzt: »Ich find' das schön.«

»In Leopoldshöhe«, so antwortet Gerd Schröder fahrig auf die Frage, wo denn seine Mutter wohne. »Ach was«, sagte Erika Vosseler, »da bin ich doch schon mehr als zwei Jahre nicht mehr, sondern in Paderborn.« Und dann liefert sie auch gleich die Erklärung für den Irrtum des Sohnes: »Der Gerd wird ja immer vom Chauffeur gebracht – woher soll der sich das auch alles merken?« Es gibt nichts, was Erika Vosseler, die im Oktober, fünf Tage nach der Bundestagswahl, 85 Jahre alt wird, ihrem Sohn krummnähme. Denn unkompliziert, wie nur Jungs-Mütter es sein können, findet sie alles nur »schön«, was mit ihrem Gerd zu tun hat. Daß Fernsehkameras ihr Wohnzimmer blockieren und Reporter, daß Nachbarn Fragen stellen und ihre Tanzpartner im Seniorenclub der Arbeiterwohlfahrt bei ihr Autogrammkarten des Sohnes ordern – »Is das nich alles schön?« fragt sie. Und dabei steht sie so ein bißchen schief, wie er manchmal steht, wenn er Reden hält, und lacht, wie er lacht, wenn es was zum Losprusten gibt. »Ich freue mich, wenn mein Sohn Bundespräsident wird«, hat sie sich im Sommer in einer Talkshow verhaspelt. Aber alle wußten, was sie meinte.

Er ist »Löwes« Sohn, ganz einwandfrei. Die schräg stehenden Brauen, das Lachen, das schwere Kinn, das nur im Profil so bissig und machthungrig wirkt – alles von Mutters Seite. Was er vom Vater hat? Eigentlich kann sich kaum einer noch daran erinnern. Denn als Fritz Schröder 1940 das erste Mal in den Krieg zog, da war Gundi, die älteste Tochter, ein Jahr alt. Und als er 1944 mit 32 Jahren »auf einer Anhöhe in Pusztasan/Rumänien für Führer, Volk und Vaterland« fiel, war Gerhard Schröder ein Säugling von fünf Monaten.

»Ich freu mich für Dich, daß es diesmal ein Junge ist«, hatte er seiner Frau Erika zur Geburt geschrieben, »und im Herbst komm' ich nach Hause.« Doch im Herbst steht sie mit den beiden Kindern alleine da. In Blomberg-Mossenberg, einem bäuerlichen Dorf, acht Häuser, kein Einkaufsladen, keine Schule.

Man kann nicht gerade sagen, daß es dem gebürtigen Westfalen am Bett seiner Mutter gesungen ward, daß er es einmal zum Ministerpräsidenten von Niedersachsen bringen würde, geschweige denn zum Chef im Kanzleramt. Eigenlich gab es nicht ein Hindernis, das Gerhard Fritz Kurt Schröder in seiner Kindheit und Jugend nicht überwinden mußte.

Weil die Kriegerwitwe Schröder auf den Höfen arbeiten mußte – manchmal nur für Kartoffeln und Brot –, weil sie Putzen ging, um das Nötigste an Kleidung bezahlen zu können, wuchsen die Kinder bei ihrer Schwiegermutter, Clara Schröder, auf, einer Leipzigerin. So hätten die jungen Schröders in den ersten Jahren ihres Lebens reinstes Sächsisch gesprochen, erinnert sich Gundi Schröder. Doch weil sich bei beiden ein Gespür in die Gene gemischt hatte für Dinge, die unstimmig sind, die einem das Leben erschweren, deshalb entwöhnten sich beide in der Volksschule dem Singsang der Sachsen, der sie zu Außenseitern gemacht hatte und mit der erdigen Sprache des Lipperlands so gar nicht zusammenpassen wollte.

Mit Disziplin bezwang der junge Schröder erst sein Sächseln und überrannte später jeden und alles mit seiner bündigen Rhetorik. Die war zwar nie brillant und elegant, aber doch immer so schlagend, daß sie ihm die Wege freiräumte.

Es war kein besonders geordnetes Familienleben, das die Schröders damals führten. Jedenfalls nicht auf die Weise geordnet, wie es in bürgerlichen Familien auch nach dem Krieg schon wieder üblich war. Es war das arme, wenngleich freiere Leben kleiner Streuner, die wenig kontrolliert funktionieren mußten – ohne daß Klagen kamen. Die sich an Sonntagen in Freibädern durchschlawinern, statt brav in Bleyle-Anzügen an den Kaffeetafeln auszuhalten. Die couragierte Erika Vosseler hatte viel zu viel um die Ohren, als daß sie sich Schwachheiten mit den Kindern hätte erlauben können – keine Sentimentalitäten, keine großen Gefühle. Vielleicht hat Schröder deshalb nie diese enge, lebenslange Mutter-Sohn-Nähe entwickeln können, wie man sie sonst bei vaterlosen Männern findet. Es gibt Menschen, die ihn gelegentlich kalt finden: »Wäre Schröder die Titanic gewesen«, lautet so ein Spruch, »dann wäre der Eisberg untergegangen.«

Als die Mutter drei Jahre später wieder heiratet, die Kinder Lothar, Heiderosel und Ilse auf die Welt bringt, ziehen die Schröder-Vosselers in ein Behelfsheim nach Wülfer-Bexten. Das Haus ist ein Gebäude am Rande eines Sportplatzes, in dem die Familie die Umkleideräume bewohnen darf. »Wir waren da weder Flüchtlinge noch Einheimische«, erzählt Schröders ältere Schwester, »und deshalb waren wir für die Leute drumrum nichts anderes als Asoziale.« Denn auch mit der zweiten Ehe hatte sich Schröders Mutter nicht wohlversorgt. Nein, im Grunde wuchs die Last auf ihren Schultern noch mehr. Denn kurz nach der Eheschließung erkrankt Paul Vosseler an Tuberkulose, der Nachkriegskrankheit der »armen Leute«. 20 Jahre lang lebt er mehr in Hospitälern als bei der Familie. Schröder erlebt, wie das Geld noch knapper wird, wenn ein Kranker zu versorgen ist. Nicht nur deshalb verspricht er im Wahlkampf 1998, die Lohnkürzungen im Krankheitsfall, die die Regierung Kohl sich ausgedacht hatte, wieder rückgängig zu machen. Einen Vater hatte er nie, sein Vorbild im Überlebenskampf blieb die Mutter.

Man muß erfinderisch sein, um unter solchen Bedingungen zu überleben. Und fleißig. Sicher hat es Erika Vosseler auch geholfen, daß sie eine besondere Portion Humor mitbekommen hatte, mit dem sie letztlich immer wieder Freude an ihrem Leben, am Leben ihrer Kinder hatte.

Wer sich so durchgeschlagen hat wie Gerhard Schröder, der

101

hat für den Rest seines Lebens die Gewißheit, alles überstehen zu können. Der nimmt das, was er dem Leben noch abringt, nicht als Glück oder Sieg, als Schicksal oder Verheißung, sondern als gerechten Lohn. Und wer einmal gelernt hat, mit Ellenbogentricks und eigenem Kopf die bleierne Armut zu durchbrechen, den wird auch danach nicht wirklich noch etwas bremsen können. Zum 1. März, dem Wahltag in Niedersachsen, hat Gundi Schröder ihrem Bruder Gerhard eine Decke gestickt: ein Dompteur, zwei Niedersachsen-Pferde. »Bundesadler kann ich auch«, hat sie ihm auf die Karte geschrieben.

Schröders Mutter hat Kasernen geputzt und Felder abgeerntet. Manchmal haben die Kinder beim Bauern mitgeholfen, Rüben zu verziehen, und einmal, als er noch »Löwenpudel« zu seiner Mutter sagte, weil sie stets eine löwenblonde Lockentolle vor der Stirn hatte, einmal sagte er: »Irgendwann hol ich dich im Auto ab, wirste schon sehn.« Ob er damals »Mercedes« sagte, weiß Erika Vosseler, die heute von allen kurz »Löwe« genannt wird, das weiß sie nicht mehr so genau, aber das mit dem Auto, das habe er damals wirklich versprochen.

Nein, »genierlich« sei ihm seine Herkunft nicht. Nie gewesen, sagt Schröder in einem Interview mit dem Brandt-Verehrer und ehemaligen Ständigen Vertreter in Ost-Berlin Günter Gaus. Aber es habe ihn verletzt, wie er als Arme-Leute-Kind geschnitten wurde. Trotz seiner Chuzpe, seiner Rabauken-Natur war er sensibel genug, um mitzubekommen, daß die Kinder der Nachbarschaft nicht mit den Schröders spielen durften. Mit den »Asozialen«. Es hat ihn verletzt, aber unterkriegen ließ er sich nicht davon.

Heute, wo er »Brioni«-Anzüge trägt und den Unterschied

zwischen »Gucci« und »Roy Robson« kennt, da dürfe er schließlich sogar mit den »Piëchs und Pierers« spielen, merkt er gelegentlich mit ironischer Oberlippe an, mit den Bossen von Volkswagen und Siemens. Und bei Vernissagen und Geburtstagsempfängen können sich feine, kultivierte Damen, wie Gabriele Henkel etwa, oft gar nicht von seiner Seite lösen.

Er habe als Kind wie ein »Negerboxer in den Schwarzen-Ghettos von New York« versucht, über den Sport unausschließbar zu werden. Sport, die einzige Straße, die die Underdogs, die Maradonas, die Muhammad Alis und Rocchigianis dieser Welt aus der Gosse zum Ruhm führt. Sein Ring war der Fußballacker gleich vor der Haustür des Behelfsheims. Er war schnell im Stürmen, beherzt im Schießen und unempfindlich gegen die Rempeleien des Gegners. Er kämpfte mit der zweiten Luft, wenn die verwöhnteren Bengels längst japsten. Er wollte der Beste sein. Denn das war der einzige Weg, aus dem kleinen Leben in ein größeres zu schlüpfen. Und der einzige Weg, sich Respekt zu verschaffen. Der Sport habe ihm geholfen bei seinem Aufstieg, sagt er. Der Sport und die Gabe, große Reden zu schwingen.

Ja, das Reden – das habe er immer irgendwie gekonnt. »Da waren Italiener bei uns in der Familie, irgendwann mal – vielleicht hat er das Reden von der Seite her«, vermutet Schröders Mutter. »Von mir hat er das jedenfalls nich.« Einmal sind sie alle umgefallen, als sie ihn nachmittags im Radio hörten. Da war er 15 oder 16, und irgendein Radiosender hatte in Lemgo junge Leute ausgefragt über das, was sie über Verhütungsmittel wissen. Plötzlich gibt Schröder seinen Senf dazu. »Der konnte reden«, sagt Gundi, »da haben wir nur gestaunt. Und einmal hat er für mich eine Kündigung begründet: Mit Ausdrücken, die hatte ich nie zuvor gehört.« Das mit dem Radio glaubt Schröder nicht. »Meine Mutter flunkert manchmal 'n bißchen. Und meine Schwester steht ihr da in nix nach«, sagt er zu der Sache mit den Verhütungsmitteln.

Oft ließ sich Erika Vosseler von gewieften Vertretern an der Tür Dinge aufschwatzen, Schreibmaschinen, Bücher, Abos. Luxus, den ihr die Drücker als lebenswichtig für das Gelingen ihrer Kinder einredeten. »Solche Verträge mußte ich dann immer rückabwickeln, weil wir gar kein Geld hatten für die Raten«, erinnert sich Schröder.

Es ist nicht die Art seiner Familie, Legenden zu stricken. Nein, beschönigen oder ihn toller machen, als er ist, das wollen sie nicht. Sie würden zum Beispiel nie behaupten, daß er sich nicht die Haare färbt, wie Doris Schröder das vor Monaten in der »Bunten« tat. Natürlich färbe er sie dunkler, sie amüsieren sich über diese kleine Eitelkeit. Das nebenbei.

Aber wenn sie zurückdenken an den ernsten Jungen auf den wenigen alten Fotos, die sie von ihm haben, dann fällt ihnen immer nur ein Wort für ihn ein. Er sei schon immer »so 'ne kleine Persönlichkeit gewesen«, sagen sie. Anders als die anderen Kinder. Doch keiner der Lehrer erkannte damals seine Talente, seinen Ehrgeiz und seinen Wunsch, aus der Behelfsheim-Atmosphäre dieses kleinstbürgerlichen Lebens herauszukommen.

Einmal, da habe er jemanden verpetzt, so erinnert sich Schröder, »um dem Lehrer zu gefallen«. Das sei ihm Tage, ja Wochen nachgegangen, so habe er sich geschämt. Das Gefühl der Scham nach jenem Verrat kommt ihm ausgerechnet im Vatikan wieder in den Sinn, in jener Stunde des Juni '95, in der er von Zimmer zu Zimmer dem Audienzraum näher rückt.

»Gerd, du könntest eigentlich studieren«, sagte Pfarrer Hundertmark irgendwann zu dem Jungen, den alle »Acker«

Schröders 85jährige Mutter Erika und seine Schwester Gundi.

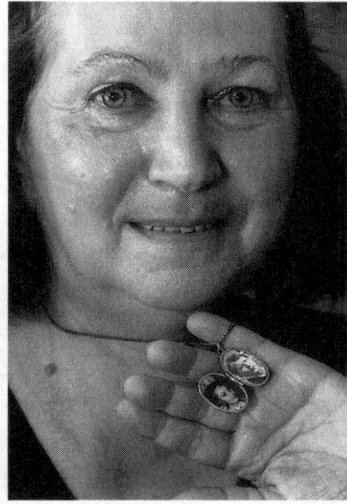

Auch wenn sie ihn nicht »toller« machen wollen – stolz sind sie schon auf ihren Gerd.

105

nannten, weil er als Kleinkind »Acker, Acker« rief, wenn ein Trecker vorbeifuhr. »Studieren?« sagte Gerhard, »wie soll'n wir das denn noch machen? Wir haben ja nicht mal Geld für Schulbücher.«

Von den drei Säulen, auf denen sozialdemokratische Gesinnung im Idealfall basieren mag – die Freiheit, die Gleichheit und die Brüderlichkeit – sei ihm die Gleichheit immer die wichtigste gewesen, sagt Schröder. Nicht die Gleichmacherei, die keinen Sämling höher schießen läßt als andere, nicht diese manchmal mißverstandene Sozen-Attitüde, sondern die Gleichheit der Chancen, die sei ihm das wichtigste politische Anliegen überhaupt. Soll kein Begabter wie er über den zweiten Bildungsweg hochkrabbeln müssen, weil da kein Vater ist mit dem unerläßlichen finanziellen Rückenpolster. Soll keinem mehr mit der Geburt schon der Weg ins Leben der Mächtigen, der Aufsteiger und Oberbestimmer verstellt werden. »Deutschlands einzige Ressource sind die Köpfe. Ich habe keine Angst, über Eliten zu reden. Eliten gibt es aber nicht qua Geburt, sondern qua Leistung. Der Zugang zu den Elite-Institutionen muß allen offenstehen«, sagt Gerhard Schröder auf der Jahrestagung des Bundesverbandes der Deutschen Industrie.

Er mußte sich seinen Aufstieg schwer erkämpfen. Doch genau diese Härte hat ihm letztendlich genützt. Sie hat ihn zu dem gemacht, was er heute ist. Aber sie hat sich auch in seine Seele eingeritzt. Die Gewißheit, daß es ein höchst ungerechter Weg war, den er gehen mußte. Diese Erkenntnis hat sich in jeder seiner Zellen abgespeichert. Wie die Romanhelden von William Faulkner hat Schröder, wenn er vor die Wahl gestellt wurde zwischen dem Leid und dem Nichts, immer das Leid gewählt.

Es ist nicht so, daß er hoch von sich denkt, aber er ist stolz auf einen Aufstieg, den er nur sich und niemandem sonst zu verdanken hat.

Er wollte zur Bahn. Aber auf die Bewerbung des 14jährigen kam eine Absage. Er habe wohl die praktische Übung beim Aufnahmetest vergeigt, meint Schröder. Da hätte er »was mit den Fingern hinknibbeln müssen«, und das war nicht seine Sache. Für alles Handwerkliche ist er ungeeignet. Seine Familie glaubt dagegen, man habe ihr nicht zugetraut, die 70 Mark Lehrgeld aufzubringen, die die Bahn von ihren Auszubildenden verlangte. So kam er als Stift ins Lemgoer Porzellangeschäft Brand. »Der ist ja so klein«, meinte der Inhaber, »da muß ich ja eine Fußbank hintern Tresen stellen.« Schröder verkaufte, fegte und sortierte – in Anzug und Krawatte. Das war Pflicht. Vom ersten Lohn kaufte er sich eine neue Hose. Mehr war nicht drin. Viel reden und reisen wolle er, hatte er Brand erklärt, als er die Lehre aufnahm. »Na ja«, dachte der Porzellanhändler, »wird bestimmt mal 'n guter Vertreter.« Daß der spätere Volksvertreter zuerst einmal Anwalt würde, nein, schon das hatte sich niemand vorstellen können.

»Was meine Kinder aus ihren Leben gemacht haben«, sagt Erika Vosseler, »das haben sie sich ganz allein erarbeitet.« Kann sein, daß sie mal gesagt hat: »Wir wählen SPD, die sind für die kleinen Leute.« Aber ihr Anteil an seiner Karriere sei allenfalls der gewesen, daß sie immer gemahnt habe: »Geh inne Schule!« Mehr nicht.

Es ist verblüffend, daß sich die Geschichte seiner Mutter im Schicksal der älteren Schwester wiederholt: Vom ersten Mann geschieden, zieht sie zwei Söhne alleine groß. Arbeitet in einem Zeitungskiosk des Hamburger Bahnhofs. Hat mit dem zweiten Mann »ein bißchen Pech«, ist plötzlich Witwe mit wenig Geld und zwei studierenden Söhnen. Heute hat sie nach langer Suche einen Job als Aufsicht in einer Paderborner Spielothek. Mit 59 Jahren war sie den meisten Kaufleuten als Verkäuferin zu alt.

Wie nach der Laden-Lehre in Lemgo und dem nachgeholten Abitur in Bielefeld alles weiterging mit ihrem Gerhard? Erika Vosseler ist zu alt, um sich an jeden Schritt – die Mittlere Reife in Göttingen, Abitur erst am Siegerland-Kolleg, später am Westfalen-Kolleg Bielefeld – noch zu erinnern. Nur daß er in Göttingen Jura studiert hat und daß sie 1993 in die SPD eingetreten ist, das weiß sie noch genau. Sie wollte damals bei der Mitgliederbefragung für ihren Sohn stimmen. Aber besonders traurig war sie nicht, als der dann nicht gewann. »Wer weiß, wofür es gut war«, sagt sie.

Heute kommt er mit Chauffeur und geht mit ihr und Doris im Hotel »Arosa« essen. Spargel und Parmaschinken zum Beispiel. Da erzählen sie sich »dann immer schön was, auch Witze«. Und sie ist mindestens so stolz wie vor zweieinhalb Jahren, als er sich in Paderborn ins Goldene Buch der Stadt eintrug. Damals war Hillu noch seine Frau. Und die hatte am Telefon gesagt, die Zeit sei zu knapp für einen Besuch. Da hat Gundi ihre Mutter untergehakt und ist einfach hin, unters Volk. Plötzlich ruft jemand aus der Menge: »Da ist ja Gerd Schröder seine Mutter!« Und er guckt, wo ist sie denn. Und da muß sie ganz vorne hin, und alle klatschen. Da war sie so stolz auf ihren Sohn, das kann man gar nicht sagen. Seither lädt die SPD sie in der CDU-regierten Stadt immer ein, wenn was zu feiern ist. Zum Beispiel zur Wahl des stellvertretenden Bürgermeisters Josef Hackfort. »Das ist die Mutter von meinem Chef«, hat der SPD-Mann sie vorgestellt. Und im Seniorenclub, da hat am vergangenen Dienstag eine Frau gleich sechs Autogrammkarten genommen.

Erika Vosseler, Kriegerwitwe und Mutter von fünf Kindern, hat bis zu ihrem 70. Lebensjahr für andere Leute geputzt. Heute hat sie mit allem Drum und Dran eine Rente von 1000 Mark. Wenn Tochter Gundi sich nicht die 83 Quadratmeter mit ihr teilen würde, für die Gerhard Schröder die Miete zahlt, dann kämen beide nur schwer über die Runden. Die Kurzreisen mit der Arbeiterwohlfahrt oder den SPD-Ausflug nach Berlin hätte sie sich sonst niemals leisten können. Aber daß ihr Sohn das in seinen Reden manchmal erzählt; daß er es »unanständig« findet, »daß die Unions-Regierung solche Renten kürzen will« – das alles hat Erika Vosseler nicht gewußt. »Aber is' doch schön, oder?« fragt sie und strahlt.

Zweieinhalb Stunden tuckert der Zug aus der Vergangenheit, aus der Bischofsstadt Paderborn zurück nach Hannover. Und da steht Schröder an einem Freitagabend nach seinem üblichen 16-Stunden-Pensum in der Orangerie der Herrenhäuser Gärten. Dort präsidiert er wieder einmal so landesväterlich und charmant, als hätte er nie ein anderes Leben geführt. Er läßt sich das Geschwätz hochmögender Herren durch die Ohren rauschen, Teppich-Manager, die dem Ministerpräsidenten von einer sensationellen Innovation vorschwärmen, dem »Ecotex Klettverschluß-Verlegesystem«. Er tut interessiert, kann hinter freundlicher Fresse ganz woanders sein, ohne daß jemand was merkt.

Robert Wilson, der amerikanische Künstler, hat für die Firma Vorwerk einen Rosenteppich und ein Musterbuch entworfen, das mit ergriffener Andacht wie ein Denkmal enthüllt wird. Dazu gibt es edle Maulhappen und Zitate von Ettore

109

Sottsass, dem Erfinder des »Memphis-Designs«. Das Ehepaar Henkel aus Persil-Düsseldorf, der Ästhetik-Professor Bazon Brock aus Wuppertal, Galeristen und Künstler umflattern den Mann, der als Kind nicht einmal eigene Buntstifte hatte.

Beim Essen sitzt Schröder neben einer ehemaligen Mode-Designerin und deren Vorwerk-Staubsauger- und Teppich-Vorstandsgatten. Schröder hält aus bis weit nach Mitternacht. Dann geht er nach Hause. Zur gleichen Zeit wie seine Schwester Gundi. Die beendet gerade ihre Nachtschicht in der Paderborner Spielothek. Es war ein unbequemer Weg von den Barfuß-Wiesen im Lipperland, den kalten Fußböden des Behelfsheimes, den selbstgefegten Ladendielen in Lemgo bis hin zu den kunstgeknüpften Teppichen, die an diesem Abend viel zu schön sind, um überhaupt betreten zu werden. Besonders dann, wenn man ein Champagnerglas in der Hand balanciert.

»Hab' ich nie drüber nachgedacht«
Herr Schröder und die Frauen

Es sei vielleicht komisch, das über einen zu sagen, der viermal geheiratet habe, zögert Renate Schmidt, die bayerische SPD-Matadorin, »aber Schröder ist einer der treuesten Menschen, die ich kenne«.

Als sie 1980 in den Bundestag kamen – sie, Freimut Duve, der schöngeistige Schönling aus Hamburg, und Gerhard Schröder –, da war Renate Schmidt verwitwet, Freimut Duve verheiratet und Schröder frisch verliebt. »Das war rührend«, sagt Renate Schmidt. Schröder sei nämlich einer, der ganz und gar unfähig sei zur Untreue, zu dem, was in der Bonner Republik »Fisternöllchen« hieß, für Affären respektive für ein »Gschpusi«, wie die Fränkin Schmidt es nennt.

Er ist monogam, wie sonst nur Esel monogam sind, wenn er sich für eine Frau entschieden hat. »Ich kann nicht über längere Zeit betrügen«, sagt Schröder treuherzig, als wir einmal über seine Eigenart reden, immer gleich Nägel mit Köpfen zu machen. Das heißt, die Frau, in die er sich verliebt, auch umgehend zu heiraten. »Das hat zu tun mit Verläßlichkeit und Respekt«, sagt Schröder. Und ansonsten habe er sich nie weitere Gedanken darüber gemacht. Das Bonner Heimlichkeitsgehabe seiner Kollegen – hier die brave Ehefrau und dort die Bonner Geliebte –, das hat ihn im Grunde abgestoßen. Es ist wahr, daß Schröder zum vierten Mal verheiratet ist. Es ist aber nicht auszuschließen, daß es bisher auch nur vier Frauen in seinem Leben gab.

Es ist eine seltsame Verklemmtheit um diesen Mann. Ihm ist körperlich unwohl, wenn er mit Journalistinnen, die ihm fremd sind, im Auto fahren muß, um ein Inteview hinter sich zu bringen etwa, oder weil er aus Courtoisie angeboten hatte, eine von Termin zu Termin im Dienstwagen mitzunehmen. Er gibt sich dann abweisend, manchmal verhockt und schroff. Meistens greift er gleich zum Telefon und ruft, wie um sein gutes Gewissen bemüht, zuhause an: »Na, Madame, was machste grade? Was macht Klara?« Manch eine Journalistin hat ihn nach dem ersten Kennenlernen für »postpubertär« gehalten, und seine Auftritte für das »präpotente Gehabe« eines übriggebliebenen Machos.

Auf seiner Hochzeitsfeier im »Pelikan« verblüfft er die umstehenden Chefredakteure und Festgäste mit einer Geschichte aus Ostfriesland. »Darf ich das mit Schneewittchen erzählen, Doris?« fragt er. »Machst du doch sowieso«, antwortet sie. Und Schröder berichtet, wie er irgendwann seine neue Frau irgendwo am friesischen Ende der Welt den alten Genossen präsentierte. »Gerd, das ist deine Frau?« knöcherten die alten Jungs, »die sieht ja aus wie Schneewittchen.« An dieser Stelle zuckten die Chefredakteure schon zusammen, aber Schröder verschonte sie nicht vorm zweiten Teil des Satzes: »Die hat ja hinten kein' Arsch und vorne keine Tittchen.«

Wer ihn öfter erlebt hat, weiß, daß er mit Frauen nicht richtig kann. Es fällt ihm schwer, wie es allen Männern in solchen Positionen schwerfalle, hat eine seiner Ministerinnen in Niedersachsen einmal erkannt, »Frauen ausreden zu lassen«. Es fällt ihm schwer, Frauen überhaupt als ebenbürtig zu akzeptieren. Eine hohe Meinung hat er nur von seiner Mutter, der harten Arbeiterin. Und von seiner jeweiligen Ehefrau. Vielleicht hatte er von Hiltrud Schröder gelernt, starke Frauen gut zu finden, wie das emanzipierte Männer heute gelegentlich vorgeben, doch anfangen konnte er gerade mit denen nie besonders viel.

Daß Renate Schmidt seinerzeit nicht gleich zurückschreckte, als jemand sie 1993, nach Engholms Rücktritt, als Kanzlerkandidatin ins Gespräch brachte, das führt sie auch auf ihren Sinn für Provokation zurück. Die beiden Herren, Scharping und Schröder, seien in so unerträglichem Maße von sich überzeugt gewesen, daß sie einfach einmal kurz dazwischengehen wollte...

In den Jahren, in denen sich Gerhard Schröder immer wieder dazu hinreißen ließ, ein Schattenkabinett zu planen, entweder, weil es gerade danach roch, als könne er dazu aufgefordert werden, oder einfach nur deshalb, weil es Spaß macht zu planen, wenn man bei »Paolino«, dem berühmten Bretterlokal an der Hamburger Alster, in der Sonne saß. Egal wann und wo, er schaffte es jedesmal, eine Riege toller Männer aufzuzählen, und keinmal fiel ihm eine einzige Frau ein.

Daß er kein »tombeur de femmes«, kein Frauenheld ist, nie ein Aufreißer war, glaubt kaum jemand, der ihn nur aus dem Fernsehen kennt. Daß er schüchtern ist und manchmal sogar erschrocken, wenn ihn in einer Kneipe eine anspricht, konnten Journalisten in einem Chicagoer Jazzclub beobachten, als Schröder 1997 auf Studienreise durch Amerika tourte. In einem Ibiza-Urlaub mit zwei lebensgierigen Freunden – jedenfalls wird diese Anekdote in Schröders zigarrerauchendem Freundeskreis gern wieder und wieder zerkaut –, da hätten sie

113

vor vielen Jahren einen Trupp schwedischer Krankenschwestern kennengelernt. Aber Schröder habe seiner bloß bis zur Erschöpfung von Olof Palme, dem schwedischen Sozialdemokraten, vorgeschwärmt und sie anschließend – ganz ritterlich – nach Hause gefahren. Da seien die beiden anderen mit ihren Eroberungen längst in den Hotelzimmern verschwunden. »Ach, die berühmte Ibiza-Geschichte«, sagt Schröder, wenn seine Buddies ihm damit kommen. Und grinst bloß.

Schon als Jugendlicher war Gerhard Schröder keiner, der sein Liebesleben auf dem Spielbein abwickelte. Was er liebt, wird geheiratet.

Er hatte sich in Eva Schubach verguckt, eine Tochter aus gutem Bauunternehmer-Haus. Viel zu wohlerzogen für einen wie ihn. Manchmal hatte er in den Ferien für ihren Vater Kessel auf den Baustellen geschrubbt. Beeindruckt hatte ihre Familie sein Arbeitseifer jedoch nicht sonderlich. Auch daß er der Tochter Nachhilfestunden gab, war Evas Eltern nicht sympathisch. Das Pferd stammte nicht aus dem richtigen Stall. Aber wenn Schröder sich einmal was in den Kopf setzte, dann kriegte er es auch.

Das Ritual, das er im politischen Leben so gut gelernt hatte, ließ sich mühelos auch auf sein Liebesleben übertragen: »Ich bin nicht immer gerufen worden«, stellt er fest, »ich hab' immer gesagt, wenn ich was wollte.«

Mit 24 heiratet er gegen den Widerstand ihrer Eltern seine 20jährige Jugendliebe Eva, die Buchhändlerin. Vier Jahre lang führen sie eine kinderlose Studentenehe in kleinen Mansardenwohnungen, bis sich Schröder in neue Lebenskreise einzirkelt.

Er wird immer politischer, immer mehr Juso-Funktionär. Und Eva bleibt irgendwie zurück in seinem abgelaufenen

Lemgo-Leben. Auf einmal paßt alles nicht mehr zusammen, Evas Kinderwunsch, sein Karriere-Jieper. Als er das merkt, knallt Anne in sein Leben und in seine Juso-Abende. Die muntere Lehramtsstudentin stammt aus Ostfriesland und ist politisch ähnlich leidenschaftlich wie er, allerdings im Lager der Schröder-Gegner. Mit denen plant sie einen Putsch gegen Schröder, der allerdings mißlingt. Einen besonderen Kick gibt der Eroberung Anne Taschenmachers allerdings wohl auch der Umstand, daß sie noch liiert ist mit einem Genossen aus der Partei. Einem Mann, der heute Sozialsenator in einer norddeutschen Stadt ist. Schröder läßt sich von Eva Schubach scheiden und heiratet sofort wieder. Da ist er gerade einmal achtundzwanzig.

Die »offene Zweierbeziehung« ist noch in Mode oder jedenfalls noch nicht ganz aus der Mode. Hochzeit ist Muff. Und in der Jugendabteilung der Partei wundern sich nicht wenige über so viel etablierte Spießigkeit. »Dieses schnelle Heiraten«, meint Klaus Uwe Benneter, Schröders alter Juso-Kumpel, der immerhin zum zweiten Mal verheiratet ist, »dieses Heiraten kam bei ihm aus dem Bedürfnis nach Sicherheit.« Er will fest haben, was ihm lieb ist. Und er will das eigene Leben endlich gutbürgerlich und geordnet erscheinen lassen. Zumindest nach außen. »Komisch, hab' ich noch nie drüber nachgedacht«, sagt er später einmal, »aber das ist vielleicht wirklich die Sehnsucht nach heiler Familie, nach Zusammenhalt.«

Anne arbeitet in der Schule. Er übernimmt spektakuläre Verteidigungsfälle, die seiner Sozietät zwar einen gewissen Bekanntheitsgrad bringen, aber kein Geld. Und nach vier Jahren paßt auch Anne, die gerne Kinder gehabt hätte, nicht mehr in das neue Leben, das der junge Anwalt gerade anpeilt. Und sie will wohl auch in seines nicht mehr passen. Beide beschließen

Mit Ehefrau Anne (2. von rechts) bei »Cuneo«, dem ältesten Italiener Hamburgs.

Mit Ehefrau Hillu beim Warten aufs Wahlergebnis in Hannover 1986.

die Trennung, oder besser gesagt, leben sie so dahin in der Gewißheit, daß irgendwann ein Trennungsgrund auftauchen wird. Das ist im Jahr 1980 der Fall: Schröder lernt bei einer Wahlkampf-Radeltour die attraktive Polizisten-Gattin Hiltrud Hampel kennen.

Niemand sonst hatte sich an jenem kühlen Tag am Treffpunkt eingefunden, um mit dem SPD-Kandidaten durchs Gelände zu knetern. Sie ist zwar verheiratet, aber nicht richtig glücklich. Sie ist intelligent, aber ohne einen Beruf, der sie interessieren könnte. Sie ist SPD-Mitglied, Mutter von zwei Töchtern und ebenso zierlich wie schlagfertig. Und sie will den Mann stürzen, den ihr Polizisten-Ehemann schützen muß: Ernst Albrecht, den CDU-Ministerpräsidenten Niedersachsens. Für Schröder ist diese schöne Frau ein Engel, der ihm in der Feldmark erscheint. Sie ist ideal an der Seite eines aufstrebenden Politikers, das spürt er sofort. Und er ist schließlich soeben in den Bundestag gewählt worden. Es scheint, daß Schröder auf jener Radtour alle Hinweisschilder ignoriert hat, die Männer normalerweise zur Vorsicht mahnen: Vor Rehen wird gewarnt! Schröder verliebt sich Herz über Kopf.

»Was war eigentlich Ihre größte Niederlage?« fragt Günter Gaus den Kandidaten, »aber bitte nicht alle aufzählen.« Und Schröder setzt sein ernstes Gesicht auf, das trotz des herabhängenden Mundwinkels auf der linken Seite immer zu lächeln scheint: »Das war sicher zum einen die Niederlage bei der Kandidatur zum Parteivorsitzenden. Und dann aber auch die eine oder andere im Privaten.«

Eine davon schreckte die Öffentlichkeit im März 1996 aus der Frühjahrsmüdigkeit: Das Vorzeige-Ehepaar der deutschen Politik meldete den Konkurs der »Firma Schröder«.

»Hillu is nich nur schön,
sondern auch kluch«
Das Traumpaar der Medien

Es schien, als wollte Gerhard Schröder sein Geheimnis in jener Nacht endlich loswerden. Die Sache, die ihm seit Januar wie ein Alb auf der Seele liegt. Die Entscheidung, die ihn Kilos gekostet hat und ein Stück seines Lebens kosten wird. »Ich möchte, daß mein Leben nach vornehin ereignisoffen bleibt«, sagt er ins Mikrofon des WDR-Studios, »das gilt im Privaten wie im Beruflichen.« Aber die Moderatorin, die sein schmal gewordenes Gesicht im Studiolicht studieren könnte, fragt in jener Februarnacht nicht: »Was meinen Sie damit, ereignisoffen?« Sie fragt nicht: »Und was ist mit Ihrer Frau?« Sie weiß ja nicht, daß Schröder in jenem Moment öffentlich den ersten Schritt in sein neues Leben tut. Sie weiß nicht, daß die Ehe der Schröders zerrissen ist – wie ein lang überdehntes Seil.

Er hat Schluß gemacht. Von heute auf morgen. Wie man einen geliebten Volkswagen, dessen Macken man jahrelang gleichmütig hinnahm, irgendwann einfach am Straßenrand stehen läßt, weil die Scheibenwischer ausfallen. So hat Schröder irgendwann alles stehen und liegen lassen. Das Leben mit dieser fordernden, ewig kämpferischen Frau war ihm von einem Moment auf den anderen zuviel geworden. Hillu hatte den Bogen überspannt.

Vielleicht hätte er sich diese Erkenntnis nicht zugestanden, wenn er nicht auf dem Mannheimer Parteitag im November 1995 eine Journalistin kennengelernt hätte, flüchtig zwar nur, aber der Name hatte sich ihm eingeprägt: Doris Köpf, eine noch zierlichere, blonde, alleinerziehende Mutter mit einem großen herzlichen Lachen. Am 6. Januar 1996 traf er sie wieder. Diesmal allein, im Hotel »Frankfurter Hof«. Es ist eine wunderliche Koinzidenz, daß er an jenem Frankfurter Abend auch seinen Wirtschaftsminister in spe, den erfolgreichen Unternehmer Jost Stollmann, in der ZDF-Talkshow »Live aus der Alten Oper« kennenlernt. Den allerdings hatte Schröder erst einmal wieder vergessen.

In den folgenden Wochen wirkt Schröder unkonzentriert und gereizt. Auf dem Geburtstagsfest von Johannes Rau, das traditionell in Wuppertal-Barmen gefeiert wird, erscheint er kurz, schweigt viel und verschwindet wieder. Gott, was steht nicht alles auf dem Spiel: Würde er noch gewählt werden, wenn er seine Frau verließe? Würde er die Töchter, denen er doch sechzehn Jahre lang so etwas wie ein Vaterkumpel war, würde er die einfach so abhaken können? Würde er Hillu vermissen? Er hat Gewicht verloren in diesen Wochen. Und in jeder Minute denkt er nur an sein privates Hin-und-her-gerissen-sein. Es ist die Qual all jener, die gebunden sind – und frisch verliebt.

Weil er nicht viel weiß über die Frau, die seine Ehe ins Wanken brachte, trifft er in Bonn Journalisten zu einem der Bonntypischen »Hintergrund«-Kreise. Man redet über dies und das, und am Ende fragt Schröder wie beiläufig in die Runde: »Ich soll da ein Interview machen mit einer Doris Köpf, kennt die jemand?« Die Herren geben eifrig Auskunft über die Bonner Ex-Kollegin, die sie alle aus deren Bild-Zeitungs-Zeiten

119

kennen. Reden, wie alte Jungs gern über ehrgeizige Mädels reden. Machen Männersprüche, wie nur Bonner Korrespondenten sie machen können (»Sie als Frau haben doch ganz andere Recherchemöglichkeiten«), und ahnen nicht, wie raffiniert sie benutzt werden. Einer will sich besonders anheischig machen und sagt ohne Arg: »Mach' dir keine Sorgen, Gerd, den tiefen Teller hat die nicht erfunden.« Der unschuldige Plauderer arbeitete später sehr daran, erneut an Schröders Tafelrunde zu gelangen.

Mit geradezu seherischer Eingebung, das muß hier erwähnt werden, schrieb Doris Köpf im September 1995 einen Artikel über den SPD-Führungsstreit zwischen Schröder und Scharping. Das war zwei Monate vor dem Mannheimer Parteitag, auf dem die Sozialdemokraten zum ersten Mal in ihrer Geschichte einen Vorsitzenden gestürzt hatten – Rudolf Scharping. Und einen der Königsmörder – Oskar Lafontaine – gewählt. An diesem Staatsstreich war Schröder damals florettführend mitbeteiligt. Die Journalistin Köpf, die bei solchen Themen sonst eher als Ko-Autorin Bonner Kollegen zuarbeitet, schreibt diesmal allein und zeigt in ihrem Focus-Text weder für Scharping noch für Schröder große Sympathien. Doch im nachhinein liest sich besonders der letzte Absatz ihres letzten Artikels wie eine komische Vorahnung: »Die Herzen der Frauenmehrheit unter den SPD-Wählern gehören momentan noch Scharping. Aber da ist ihm der telegene Niedersachse Schröder schon dicht auf den Fersen.«

Im Februar geht das Ministerpräsidentenpaar Hiltrud und Gerhard Schröder auf eine letzte gemeinsame Reise – zum Opernball nach Wien. Der umstrittene Ausflug – eine Einladung des VW-Chefs Ferdinand Piëch – hätte vielleicht noch etwas retten können, doch Hillus Rigorosität, das wurde ihm immer brennender klar, war ihm plötzlich nicht mehr erträglich. Er wollte nicht länger schon morgens nach dem Hundeausführen in der Feldmark Kritik hören an seinem »Industrie-Ding«. Er wollte nicht mehr jeden Morgen den Befehl erhalten, die Welt in Ordnung zu bringen. Er war es satt, mit dem halben Brötchen zum Kaffee auch die Kritik an seinem laschen Verhalten gegenüber bedrohten Fledermäusen in der Nachbarschaft, bedrohten Raben auf bedrohten Feuchtwiesen zu schlucken. Ja, auf einmal nervten ihn auch die quengeligen Töchter-Sätze, über die er früher gelacht hatte: »Nicht mal ein anständiges Pferd kannst du uns kaufen.«

Seit Jahren, so schien es ihm, hatten sie keine Sekunde mehr gehabt, in der sie nicht gestritten hatten und gekämpft, in der sie nicht in verschiedenen Fliegern in den Urlaub flogen, weil sie sich noch am Abflugmorgen so gefetzt hatten, daß sie erstmal schmollend zuhause blieb. Er war sich sicher, ihre Zeit war um. Zwei Feuerzeichen-Geborene hatten sich gegenseitig verbrannt.

Schröder setzt in jenem Abendtalk des Radios noch andere Marken. Ob er denn über seine Frau Hillu reden wolle, fragt die Moderatorin, und er sagt bloß: »Nee, will ich nich.« Dabei konnte er früher nicht genug über sie reden. »Hillu is nich nur schön, sondern auch kluch«, hieß das. Den Satz haben wir Journalisten dreißigmal in unsere Notizbücher geschrieben. Ihre Audrey-Hepburn-Aura, ihr freches Maul bei Biolek, ihr telegenes Auftreten bei Gottschalk – Hillu, die war der Engel, die Glücksfee, die Göttin. Sie brachte ihm Sympathien, auch Wählerstimmen. Gemeinsam sind sie im ersten Landtagswahlkampf angetreten. Ein Paar wie die Kennedys oder die Clintons: jung, schön, strahlend. Und so waren die Wahlkämpfe: Hillu war fester Bestandteil von Schröders Programm. Sie war seine Frauenquote, sein Charmequotient, seine Sparringspartnerin. Er machte den Polter- und sie den guten Geist. Das war neu in der deutschen Politik. Sogar auf Wahlplakaten posierte er 1986 mit ihr und dem Slogan: »Politik ist nicht alles«. Nur Willy Brandt hatte vor ihm schon seine Frau Rut aus der Anonymität des politischen Damenprogramms herausgelöst.

Hillu und Gerd – beide perfektionierten ihre Rolle zu der des Traumpaars auf dem SPD-Dampfer. Die Clintons aus Immensen wurden sie genannt. Schlagfertig, witzig, intelligent. Und je mehr die SPD mit Engholm und Scharping auf der Kommandobrücke ins Tränenmeer schipperte, um so mehr strahlten die Schröders, hielten fest zusammen und winkten fröhlich und sturmfest von der Reling.

»Wenn mein Mann was mit einer anderen hätte«, droht sie in Interviews, »dann würde hier die Hütte brennen.« Er hat das immer gewußt. »Ohne Hillu«, da war sich Gerd Schröder sicher, »ohne Hillu würde ich verkommen.« Und manchmal, da stand er neben ihr und dachte: Warum bin ich nicht so wie die – so konsequent, so kompromißlos, so links? Wie hatte er sie die ersten Male bewundert, als sie in die Kabinettssitzungen sprengte und aufgeregt von Pferdetransportern berichtete, die sofort zu stoppen seien: »Gerd, du mußt da was machen.« Nachts sind sie aus den Betten gesprungen, um irgendwo im Tierheim geschundene Vierbeiner zu retten. Die Tierschützerin an seiner Seite brachte Schröder Anerkennung bei seinen Niedersachsen. Und ihr Talkshow-Einladungen und Doppelseiten. Doch die »Gerd, du mußt da was machen«-Aktionen platzten immer häufiger auch in wichtige Gespräche. Nahmen an Heftigkeit zu. Und es gab nicht wenige, die sich still Blicke zuwarfen, wenn sie ihn mal wieder vor allen zum »Bünzlimann« machte, wie die Schweizer das nennen, zum Pantoffelhelden. Verletzbar wie er ist, wird er es irgendwann bemerkt haben. Gerade extra hat er dann im Gasthof Scheuer Currywurst und Pommes bestellt, wenn Hillu und die beiden Vegetarier-Töchter an ihren Salaten kauten.

Und wenn er, was nur noch selten vorkam, zuviel getrunken hatte, dann verriet er schon mal, daß sie ihn nicht ins Bett ließ, wenn er zu spät nach Hause kam, wenn die Fahne zu stark wehte. Dann mußte der Ministerpräsident auch mal auf dem Sofa vor dem Schlafzimmer übernachten.

In den Wochen vor der Trennung schläft der MP freiwillig in Wiebkes altem Kinderzimmer, in dem jetzt die Meerschweinchen ihr Winterquartier haben.

Hillu Schröder hat es nie genügt, nur Gattin zu sein. Sie wurde Präsidentin der Bibliotheksgesellschaft Niedersachsen, des Vereins Herrenhäuser Gärten, Vorsitzende der Landesstiftung »Kinder von Tschernobyl«, für die sie wohl mehr als zwanzigmal in die verseuchten Regionen reiste und zwölf Millionen Mark eintrieb. Mit Verwunderung nahm man in der Staatskanzlei zur Kenntnis, wie sie sich immer mehr dort einnistete und ihre Interviews wie selbstverständlich im Büro des MP gab. Legendär ist die Anekdote, wie sie ein Interview ihres Mannes mit dem Chefredakteur der Bildzeitung unterbrach: »Hopp, hopp, hopp, meine Herren, jetzt bin ich dran.« Hillu Schröder bildete sich je länger, je mehr ein, als mitgewählte Ehefrau auch Anteil am Machtapparat zu besitzen. Selbstbewußt verkündete die abgebrochene Jura-Studentin in einer Reinhold-Beckmann-Sendung neben der nachdenklichen Christa Müller(-Lafontaine) und einer zweiflerischen Jutta Scharping, sie traue sich aus dem Stand zu, ein Ministeramt zu übernehmen – egal welches. Das hatte etwas

Erfrischendes, aber unverkennbar zugleich etwas Vermessenes. Hillu wurde Hillarys Schwester im Geiste. Und je mehr Hiltrud Schröder nach außen in die Schlagzeilen geriet, desto mehr wurde ihr im Privaten der Widerspruch zur zwanghaften Attitüde.

Irgendwann haben beide ihr Spiel überreizt. »Herr Schröder wäre gut beraten, wenn er den Ratschlägen seiner Frau weniger folgen würde«, höhnten die Bonner Genossen im Sommer der größten SPD-Troika-Krise, als Scharping mit Lafontaines Hilfe den Niedersachsen aus dem Dreier-Team mobbte. Tatsächlich hatte sie seine Abneigung gegen Scharping, Lafontaine und das restliche Bonner Personal nach Kräften geschürt. Das Mäßigen, das Moderate ist ihre Sache so wenig wie seine. Sie hatte es so wenig wie er verwunden, daß Scharping im Juni 1993 zum Vorsitzenden gewählt wurde und nicht ihr Mann. Über die Gründe hat sie nie nachgedacht. Ihr Gerd war der Bessere, fertig. Wie ein trotziges Mädchen hat sie reagiert, wenn es um die SPD ging: Von denen lassen wir uns nichts gefallen! Das war stressig und am Ende auch verbissen. Kritiker, und waren es selbst gute Freunde, wurden gnadenlos abgelegt, wenn sie nicht mit auf Linie wollten. »Mit den Leinemanns sind wir durch«, verkündete sie dann beispielsweise. Der Spiegel-Autor und langjährige Freund der Familie hatte sich erlaubt anzumerken, er fände »den Scharping gar nicht so schlimm«.

Die Schröders hatten vor Jahren gemeinsam Charlton Heston bewundert in »El Cid«, dem spanischen Historienschinken, den sie so liebt. Als »El Cid« schwer verwundet ist, steckt ihm seine Gemahlin eine Eisenstange in die Rüstung, damit er aufrecht in die letzte Schlacht reiten kann. »Das werde ich für dich auch immer tun«, hatte sie Gerhard Schröder damals versprochen. Und wie oft hat sie es getan. Ist zu ihm gerast, wenn ihm die Feinde ans Leder wollten. Hat, wie auf dem Mannheimer Parteitag, die bösen Blicke von ihm auf sich gezogen, hat für ihn in Interviews Sätze gesagt, die er nicht »autorisieren« konnte – so nennt man es, wenn Politiker die Interviews am nächsten Tag noch einmal gegenlesen. So entstand der böse Satz vom »Kartell der Mittelmäßigen«, mit dem er Rudolf Scharping, seinen Widersacher, gemeint hatte. Sie mußte es sagen.

Sie hat ihm mit einer Zahnbürste Blondiercreme in die Augenbrauen gerieben, als er sie sich für einen Fototermin dunkel hatte färben lassen und plötzlich aussah wie Theo Waigel. »Wir sind eine Firma, die Politik macht«, hat er zu ihr gesagt. Und wenn sie glaubte, daß die Firma zu übermächtig würde, daß sie zuviel Zeit verschlinge, daß sie sie runterfahren müsse, dann hat er sie beruhigt und gesagt: »Nein, bloß nicht, die Firma funktioniert doch gut.«

In jener nächtlichen Radiosendung sagte Schröder sehr ernst, sehr nachdenklich schließlich doch, warum er nicht über seine Frau reden wolle: »Wir finden, daß jeder seinen Job macht. Und wir gelegentlich auch zuviel darüber geredet haben.« Und dann wurde seine Stimme auf einmal wieder ganz zögerlich. Vielleicht weil ihm in diesem Moment der Beginn ihrer leidenschaftlichen Geschichte wieder einfiel. Wie sie damals, als sie Anfang 30 war, mit ihrem Käfer heimlich nachts nach Bonn gebrettert war und morgens vor dem Frühstück zurück, damit sie ihre Töchter noch für die Schule klar machen konnte. Es war ein Amour fou, wie er im Buch stand. Und immer schwebte die drohende Schlagzeile »Ex-Juso klaut Polizisten die Frau« über ihnen.

»Sie ist eine großartige Frau«, sagt Schröder, »sie lebt ihr eigenes Leben. Sie macht ihre eigene politische Sache. Und das respektier' ich.« Da hatte er im Kopf die Koffer längst gepackt.

Tage darauf bricht er mit Doris Köpf und einem Pulk von Journalisten zu einer Bohrinsel vor Norwegen auf. Er wollte sich über Erdgasförderung informieren. Sie darüber berichten. Ein Fotograf – seit Jahren mit den Schröders unterwegs – habe sich am Anfang gar nicht getraut, sagt er später, auf den Auslöser zu drücken: Viel zu genant sei es ihm gewesen, Zeuge jener Indiskretion zu werden. Für alle war es ein ungeheurer Vorgang, wie offen Schröder und Köpf auf jener Reise miteinander flirteten. »Ich dachte, das kann doch nicht wahr sein«, sagt einer. Wer hätte je damit gerechnet, daß die Schröder-Ehe einen Riß kriegen könnte? Aber als sie mit der vom Trennungsschmerz völlig überwältigten Doris Köpf nach der Rückkehr auf den Zug nach München warteten, war ihnen klar: Da kommt eine dicke Geschichte auf uns zu. Wie Komplizen hätten sich manche gefühlt, und saumäßig unwohl dazu.

»So ein Blödsinn«, sagt Doris Köpf, als sie längst Frau Schröder ist. Auf dieser Reise habe niemand etwas von dem gemerkt, was sich zwischen ihr und ihm anbahnte. Da habe sich sogar ein Kollege dauernd an sie rangemacht, um mit ihr zu flirten. Und überhaupt: Von Zug und Bahnhof könne keine Rede sein. Denn sie seien damals alle über Amsterdam zurückgeflogen. In der Flughafen-Lounge hätten dann die Kollegen in einer Preisklasse über Schröder hergezogen, über seine »gefärbten Haare« etwa – das hätte niemand getan, wenn er gewußt hätte: Da sitzt Schröders neue Liebe. Nur hinterher hätten die Kollegen in den Redaktionen natürlich groß getönt, als sie ihren Chefs erklären mußten, warum sie nichts von allem mitgekriegt hatten, sondern der STERN, der gar nicht dabei war.

Daß die Boulevardzeitung (Kölner) Express, kurz nachdem die Affäre publik wurde, ohne sie zu fragen »die Archive geöffnet hat und Fotos verkaufte«, die von ihr bei Redaktionskonferenzen oder mit Politikern gemacht worden waren, das allerdings nimmt sie ihrem alten Arbeitgeber bis heute übel.

In den folgenden Wochen fährt Schröder immer häufiger nach Bayern. Damit niemand etwas merkt, tut er, als unterstütze er die bayerische SPD. Er nimmt Einladungen zu Veranstaltungen an, trifft sich gar mit Edmund Stoiber zum Gedankenaustausch in Münchens »Weißem Bräuhaus« und hilft Otto Schily, der im Bayerisch-Ländlichen seinen Wahlkreis hat. »Der Otto hat sich schon richtig geschmeichelt gefühlt«, erinnert sich Schröder, »weil ich dauernd da unten bei ihm aufgekreuzt bin, obwohl der nie einen Hehl draus gemacht hat, daß er für den Oskar ist.« Schily wußte schließlich nichts vom wahren Grund für Schröders neue Anhänglichkeit zu Bayern im allgemeinen, und zum Altmühltal im besonderen. Im barocken Eichstätt sitzen beide unbemerkt und hochverliebt im Café »Paradeis«, einen Nachmittag lang, und keiner guckt hin.

Wenn Leo Tolstoi schreibt, daß nur die unglücklichen Familien sich unterscheiden, so stimmt das nicht. Denn im Hause Schröder spielt sich seit Ende Januar nur ab, was in allen Ehen läuft, die der Midlife-Crisis nicht standhalten. Die endlosen Telefonate, die das »Warum?« klären sollen. Die Verzweiflung der Verlassenen, der Eindruck, all die Jahre von ihm nur benutzt worden zu sein. Ihre Angst vor dem Alleinsein. Und er, der sich wie ein Samurai freigeschlagen hat, macht sich nun vor, es sei doch all die Jahre schon schiefgegangen. Bildet sich

127

ein, gelitten zu haben unter den Kritteleien seines Küchen-
kabinetts, glaubt die nächsten zehn Jahre ruhig und schön nur
ohne die Dickköpfin erleben zu können. Und nach Ruhe, da
sehnt er sich hin. Er weiß es genau. Die Tragödie ist, daß alle
unglücklichen Familien sich so ähnlich sind.

Diese »Dritter-März-Chose«, wie Hiltrud Schröder den
Tag der Trennung Jahre später nennt, war eigentlich der
Sonntag davor. Der Tag, an dem sie den Ministerpräsidenten
und seine gepackten Koffer aus dem bis dahin gemeinsamen
Haus in die ungeheizte Staatskanzlei brachte, weil er ihr nach
langem zähen Fragen endlich vor die Füße schüttelte, daß er
bei einer anderen Frau die »vage Hoffnung« auf ein neues,
größeres Lebensglück habe. Sie hat ihm daraufhin einen Ehe-
ring aus dem Schmuckkasten vor die Füße geschmissen und
erst hinterher gemerkt, daß es gar nicht ihr eigener war, sondern der ihrer Vorgängerin, den sie komischerweise aufbe-
wahrt hatte. »Warum habe ich das ganze Zeug nicht mit
Rasenmäherbenzin angezündet?« hat sie sich 1997, als der
Scheidungskrieg längst anrollte, in einem Interview mit der
Süddeutschen Zeitung erzürnt.

»Wie stellen Sie sich ihr Alter vor?« ist Hiltrud Schröder
von einer Illustrierten in glücklichen Tagen, lange vor der
Trennung, einmal gefragt worden. »Ich sitze in einem kleinen
Haus an der Nordsee. Ein paar Hühner laufen herum, und
ich habe Regale, vollgestopft mit Büchern. Und ich sehe ein
bißchen schrumpelig und schrullig aus und kann lesen oder
am Strand spazieren«, hat sie geantwortet.

»Und wo ist dann Gerhard Schröder?«

»Wenn er sich in dieses Bild integriert, gehört er dazu.«

Am 3. März gibt sein Büro in der Staatskanzlei eine Meldung an die Deutsche Presse-Agentur: »Der niedersächsische

128

Manchmal berät sie ihn. Manchmal ist Doris einfach nur für ihn da.

»Wir sind uns VIPs genug«, sagt sie bei allzufeinen Empfängen.

Ministerpräsident Gerhard Schröder und seine Frau Hiltrud Schröder haben sich getrennt. Sie unterhalten zwei Wohnungen. Zu den Beweggründen wird es keine Interviews und Erklärungen geben.«

Am Wochenende darauf »leiht« sich Gerhard Schröder gegen die Warnungen seiner Fahrer eine der Panzerlimousinen und brettert allein nach Bayern. Dort wartet Doris in einem diskret-romantischen Domizil. Sogar Focus-Chefredakteur Helmut Markwort hatte dem »jungen« Paar einen Unterschlupf am Chiemsee angeboten. Die Erdgeschoß-Wohnung, die Doris Köpf sich vor Jahren gekauft hatte, ist von Fotografen belagert.

Seit einer Woche stehen die beiden im Mittelpunkt des Medieninteresses. Morddrohungen habe sie erhalten in jener Zeit, sagt Doris Schröder, und jede Menge anonymer Briefe. In der Burda-Kantine raunzt sie ein Chefredakteur an: »Tu mit Schröder, was du willst, aber mach mir das Traumpaar nicht kaputt!« Sogar ihre Mutter habe sich eine neue Telefonnummer geben lassen müssen, erzählt sie. Und wenn sich ihre bayerische Familie nicht wie eine Trutzburg um sie aufgebaut hätte damals, dann wäre sie sicher manchmal verzweifelt in diesem Taifun aus Drohungen und Verleumdungen, der sie plötzlich umbrauste.

Als Schröder im oberbayerischen Tagmersheim den Antrittsbesuch bei seiner künftigen Schwiegermutter macht, wartet die Lokalpresse bereits vor dem Haus. Dann gibt es Interviews. Gerhard Schröder bekennt in »Bild am Sonntag«: »Ja, ich stehe zu ihr« – gemeint ist Doris Köpf. Und Hiltrud Schröder schüttet in der Zeitschrift »Gala« ihr Herz aus. Harald Schmidt hat eine seiner besten Wochen: Jeden Abend erzählt er Neues von »Schnitzel-Schröder« und der Currywurst und richtet das Publikum so ab, daß es bereits beim Begriff »Schnitzel« reflexartig losbrüllt: »Gerd, du mußt da was machen!«

Im Winter '96 erscheinen Hiltrud Schröders Erinnerungen. »Auf eigenen Füßen«, so der Titel des Buches, in dem sie von sich erzählt, von Tschernobyl und ihrer Ehe. »Doch von uns beiden verlierst du mehr als ich«, zitiert sie darin ihr Lieblingsgedicht des Theologen Ernesto Cardenal, »weil ich andere lieben kann, wie ich dich liebte. Aber dich wird niemand mehr so lieben wie ich.« Doris Köpf kontert nach der Lektüre des Buches im Freundeskreis mit ihrem Lieblingsgedicht. Und das ist von Brecht: »Bitte liebe mich nicht so sehr. Als ich das letzte mal so geliebt wurde, erhielt ich die ganze Zeit über nicht die kleinste Freundlichkeit.«

Im September 1997 wird das »Traumpaar der deutschen Politik« in Lehrte geschieden. Am 17. Oktober, 22 Tage nach der Scheidung, heiratet Schröder die 34jährige Doris Köpf. »Jetzt habe ich zwei Papas«, verkündet deren damals 6jährige Tochter Klara ihren Freundinnen.

»Schlage die Trommel
und fürchte dich nicht...«
Platzreden und Pokerface

Zwei Monate also noch, dann würde er Kanzler sein. Ohne diesen hartnäckigen Glauben an das Phantastische wäre das Leben für Gerhard Schröder in jenen Monaten kaum zu ertragen. Dieser Rausch, in dem er fast nicht mehr zum Nachdenken kommt, sondern nur noch funktioniert. Der Reigen, der ihn wie eine Interview-Marionette von Mikrofon zu Mikrofon führt. Große Platz-Reden, morgens in Berlin, mittags in München, abends in Bonn. »Oh Gott, er ist heiser«, erschrecken dort Schwarzseher in der Partei und erinnern sich: So heiser war auch Johannes Rau damals, in seinem Kohl-Kampf – und hat verloren. »Ein Segen, daß er so viel um die Ohren hat und funktionieren muß«, sagt Doris Schröder, »sonst wäre er gewiß noch nervöser.«

Manches, was Schröder in dieser Zeit von sich gibt, was er tut oder läßt, wirkt wie ausgeklügelt, wie von einem Schachspieler erdacht. Aber er kann gar kein Schach. Er hat nichts mit Sizilianischen Eröffnungen und Rochaden am Hut. Sein Spiel ist das Bluffen und Pokern, hoch reizen und Stiche machen. Das kann er gut: hinter freundlichem Pokerface zerstörerischen Gedanken nachhängen. Manches, was in Schröders Leben und Handeln wie Strategie wirkte, wie kühles

132

Kalkül, war lediglich Kamikaze. Ein Alles-auf-eine-Karte-set-
zen. Meistens hat er so gewonnen. Oder mindestens bekommen, was er wollte: Aufmerksamkeit, Sympathie, Vorsprung.
»Der Aufschwung, den wir jetzt haben, ist mein Aufschwung«, erklärte er frech in der ZDF-Sendung »Was
nun ...«. Richtig überlegt war das nicht. Doch im nachhinein
wirken solche Reizmanöver dann doch wieder wie gut vorbe-
reitete Schachzüge. Manchmal geht es allerdings auch schief,
wenn er auf Themen anspringt, von denen er wenig Ahnung
hat. Man solle renitente Jugendliche besser wegsperren, tönt
er aus dem Bauch, nachdem zwei Heimzöglinge in Hamburg
einen alten Kaufmann erstochen hatten.

Der Vorschlag machte in Schröders Pressestelle keinen
glücklich. Zumal bekannt war, daß gerade Niedersachsen
äußerst liberal im Umgang mit gefallenen Kindern und Ju-
gendlichen ist. Dann und wann schickte das Land jugendliche
Straftäter sogar zur Buße nach Bayern. Daran erinnert Edmund Stoiber den Kollegen mit spitzem Mund. Denn Niedersachsen, das Land der ungestörten »Chaos-Tage«, hat für
die harten Fälle von Kinderkriminalität überhaupt keine ge-
eigneten Einrichtungen. Es kann einen eigentlich nicht ver-
wundern, daß Schröder in der Pädagogik zu pragmatischen
Lösungen neigt. Denn erstens hatte er nie eigene Kinder. Und
zweitens hat er selbst als Schüler sogar noch vom Lehrer
»Senge« gekriegt. Menschen wie Schröder neigen dazu, Ohr-
feigen und andere Strafen nicht als schädlich zu empfinden.
Sie haben sie schließlich auch überstanden.

Zum Aufmischen der politischen Tagesordnung kommt das
übliche Tagespensum mit Planspielen, Parteisitzungen, Pressekonferenzen. Morgens Diskussion mit Arbeitgebern und Gewerkschaftern in Düsseldorf, abends Sommerfest beim öster-

reichischen Bundeskanzler Viktor Klima in Wien. Doch das wichtigste ist: bloß nicht dem Gegner die Themen-Herrschaft überlassen. Ganz nebenbei präsentiert er peu à peu sein Regierungsteam, eine »Ansammlung von Lichtgestalten, die man unmöglich in ein Schattenkabinett pferchen« könne, sagt er beim Vorstellungstermin in Berlin. Oskar Lafontaine für die Finanzen, Otto Schily als Innenminister, Christine Bergmann als Nachfolgerin von Familienministerin Claudia Nolte, Rolf Schwanitz für den Aufbau Ost, Herta Däubler-Gmelin für die Justiz, Edelgard Bulmahn für Wissenschaft und Forschung.

Es ist sein Glück, daß er nur kurze Regenerationsphasen braucht und überall schlafen kann. Im Zug, im Fond seines Wagens, auf Langstreckenflügen. Auch darin ist er seinem Gegner Kohl sehr ähnlich. Zwei Stunden sitzt er manchmal auf dem Balkon seiner »Butze«, der bescheidenen Dachgeschoßwohnung, die er mit der Familie bewohnt. Sitzt einfach so in der Sonne und bräunt sich. Manchmal sehnt er sich nach den Abenden mit seinen alten Jungs: irgendwo im Biergarten sitzen, rauchen, trinken. Aber als er einmal an einem Samstagabend mit seiner Frau und dem Freund Götz von Fromberg einer immer dringlicher werdenen Laune folgt und aufs Schützenfest in Hannover ausbüxt, ganz ohne Sicherheit und Personenschutz, da rücken ihm die Menschen so dicht auf den Pelz, daß Fromberg sich wie ein Bodyguard vor ihn stellen muß und Doris, in Panik geraten, per Handy die echten Bodyguards rufen will. So sehr er seine Prominenz auch genießt und so wenig ihm das Autogramme-Schreiben und Fotolächeln zur Last fallen. Manchmal, manchmal wäre er gern einmal wieder allein zu zweit. Unerkannt irgendwo in der Menge. Ohne Journalisten, die jede seiner Regungen beobachten und jede Äußerung belauschen. Ohne Fotografen, die ihm das Biertrinken und Schnitzelessen verleiden. Doch dieses Leben hat Schröder lange schon aufgegeben, und in diesem Sommer wünscht er sich nichts so sehr, als das kleine, unbekannte Leben eines »Provinzpolitikers« niemals mehr führen zu müssen. Wenn er ehrlich ist.

»Na, was macht ihr gerade?« fragt er Freunde abends, wenn er sie am Handy erreicht, in den Kneipen, in die er früher selbst so gern ging. Und er tut so, als mache es ihm nichts aus, allein mit der Frau auf dem Balkon zu sitzen. Es ist wohl so, daß ihn das Leben mit dieser Frau umgänglicher, ausgeglichener gemacht hat. Das sagen alle, die ihn vorher kannten. Sie ist keine, die ihn aufhetzt gegen andere. Sie gibt, wenn sie gefragt wird, einen Rat ab, und wählt aus Wahl-kampfporträts, die quadratmetergroß geklebt werden sollen, ihr liebstes Schröder-Bild aus. Sie liest Reden, die andere ihm geschrieben haben, und sagt ihm, an welchen Stellen »Herz« fehlt. Aber sie hält sich daran, im Hintergrund zu bleiben, wie es ihr die Wahlkampfstrategen geraten haben und wie ihr Ge-fühl es ihr rät: »Als Angeheiratete kann ich nicht die großen politischen Töne schwingen«, hat sie für sich beschlossen, »denn mich haben die Leute ja nicht gewählt.«

Sie ist katholisch. Sie ist in der Buonaventura-Klosterschule von Dillingen an der Donau erzogen worden. Von Franziska-nerinnen, weil dem spindeldünnen Mädchen die langen Bus-fahrten von Tagmersheim ins nächste Gymnasium nicht zu-zumuten waren. Sie sagt: »Es ist egal, wo wir getrennt sind«, wenn er nachdenkt darüber, wie alles nach der Wahl wird. Daß er dann noch weniger Zeit für sie haben würde, daß sie sich fremder würden vielleicht, und einsamer. »Politik, das kann ich«, denkt er in solchen Momenten, »aber ob ich den Job auch mit dem Privaten unter einen Hut kriegen kann?«

Am liebsten hätte er alles auf einmal: Die Liebste immer im Arm, und die Politik käme in sein großes, offenes Haus an den Eßtisch mit den guten Rotweinen spaziert. Wird sie es verkraften, auf einmal noch mehr im Rampenlicht zu stehen als jetzt schon? Wird sie genug Selbstbewußtsein haben und Lust am Repräsentieren? »Doris ist Journalistin, die kennt das Geschäft«, beruhigt er sich in solchen Momenten. Immerhin: Nur selten noch läuft sie bei den Veranstaltungen instinktiv auf die Seite des Presse-Pools. Es ist schwer, sich umzugewöhnen, aber sie lernt langsam, auf welche Seite des Geschehens sie nun gehört.

Weil auch in der Staatskanzlei die meisten Zuarbeiter dafür sorgen, daß sich die First Lady nicht in tausend Schwierigkeiten verstricken muß, haben sie mit deren Terminplanungen inzwischen schon genausoviel um die Ohren wie damals mit deren Vorgängerin Hiltrud.

Natürlich kommt es Doris Schröder hart an, daß sie ihn nur selten sieht. Natürlich kommt es ihn hart an. »Ich bin ungern getrennt«, sagt Schröder bei einem Mittagessen zwischen Wellstein und Tagmersheim in Bayern. »Ich fühle mich aber nicht unter Druck gesetzt, wenn ich mal weg bin.« Seit er mit der 20 Jahre jüngeren Doris zusammen ist, meide er Nächte im Hotel, wie er sie früher aus Bequemlichkeit auf sich nahm.

Irgendwann im Sommer erhält Doris Schröder eine Einladung von RTL. Die Kanzlerkandidaten-Gattin soll der Moderatorin Birgit Schrowange die Schönheiten Niedersachsens zeigen: Hameln, Hannover, Greetsiel an der Nordsee. Es ist eine blödsinnige Sendung, die »Life – die Lust zu leben« heißt und im wesentlichen den Small-Talk der beiden bei einer simulierten Fahrt im pinkfarbenen Cadillac durch windige Alleen zeigt. Doris Schröder ist gewiß nicht wohl bei solchen Sendungen. Aber Schrowange hat Quote, und wenn sie Sympathiepunkte sammelt, kann ihm das schließlich nicht schaden. Wohin aber mit Tochter Klara? Schröders Terminplaner befürchten bei dieser Frage schon das Schlimmste. Und es trifft dann auch ein. »Ich komm' mit und mach' den Babysitter«, erklärt der Kanzlerkandidat und läßt kühl lächelnd alle Termine absagen oder verschieben.

Vollends blöd wird die Sendung, als das Fernsehteam seinen Zuschauern vorgaukeln will, die beiden hätten sich wie zufällig an der Hafenmole des Krabbenörtchens getroffen. »Wir haben noch eine tolle Überraschung für Sie«, verkündet die Moderatorin. »Ja, was machst du denn hier«, ruft Doris mit gespielter Überraschung, dann fallen sie sich in die Arme. Und er überspielt die peinliche Situation mit frechem Lachen, wie üblich. Es ist ein kurzer Ausflug aus dem Sklavenalltag eines Wahlkämpfers, aber Schröder ist auf den Geschmack gekommen.

Auf seinen Dienstreisen als Bundesratspräsident und SPD-Matador müssen seine Mitarbeiter im Sommer Zeiten einplanen, in denen er einfach mal auf Plätzen und an Straßenrändern sitzen kann »und gucken, was passiert«. Mal ist das mit einem Glas Pinot Grigio in Mailand am Dom, mal mit einer Portion Spiegeleier vor dem Kölner Gürzenich. Mal in einem bayerischen Gasthof, mal geht er auch einfach nur spazieren – mit Jost Stollmann an Washingtons Potomac River. Überall kommt er mit interessanten Leuten ins Gespräch. Mit Arbeitern, mit Lehrlingen, auch mit reiselustigen Rentnern. So erfährt er meist aus erster Hand, was die Leute bewegt – und hat mal wieder die Kohlsche Magie der Straßen und Plätze hautnah erlebt.

»Packt mir den Kalender nicht so voll«, schimpft er jedes Mal, wenn er aufbricht. Er haßt es, wenn sie ihm die kostbaren Minuten, in denen er wo sitzen und rumträumen könnte, mit »überflüssigen Gesprächen« vollknallen. Nur, welche sind überflüssig?

Weil es immer schwerer wird, auszugehen in jenen Wochen vor der Wahl und dabei unbehelligt zu bleiben, laden die Schröders neuerdings nach Hause ein. Zwischen Ikea-Möbeln und Schröders »Beute-Kunst« aus dem alten Haus – seinen Bildern. Die sind so gut wie alles, was er aus dem vorigen Leben mitgenommen hat. Am liebsten hat er sein Porträt von Johannes Grützke, das Hiltrud Schröder damals zur »Abschreckung« übers Sofa hängte. (»Das Gesicht ist aufgeplustert. Ferkelfarben sind Stirn, Kinn und Backenspeck. Brauen wie ausgebleichte Reisigbesen. Darunter stahlblaue Augen, mit stählernem Blick. Ein Alptraum«, beschreibt die Journalistin Susanne Hassenkamp in »Max« das Abbild des Kanzlerkandidaten.)

Das Ehepaar Fromberg lädt er zu solchen Abenden, den stockkonservativen Bauunternehmer Michael Munte, ein paar verläßliche Freunde. Doris Schröder, die nie das Leben einer Hausfrau führte und lernte, wie man Gesellschaften bekocht, findet sich auf einmal vor dem Herd wieder und von einem rohen Hirschkalbrücken herausgefordert. Das ist zwar nicht unbedingt die Rolle, die sie als passend für sich empfindet, aber es macht ihr auch nichts aus, einfach mal die Köchin zu spielen. An solchen Abenden wird selten über anderes als Politik geredet – es gibt auch nicht viel anderes, was Schröder jetzt noch interessiert. Er hat nur noch ein Ziel vor Augen.

Was links und rechts ist, nimmt er kaum mehr wahr. Es ist schwer zu sagen, was einer fühlt, der auf dem Kanzlertrip ist. Und Schröder ist keiner, der gern Auskunft gibt über seine seelische Gemengelage. Er hat Gesichter, in denen lesen kann, wer will.

Ängstlich sieht er nie aus. Bedrückt gelegentlich, in Gedanken verstrickt. Verbissen, auch müde. Einerseits spürt er, daß keiner aus der SPD-Enkel-Generation bisher so nah daran war, sich den Sieg aufzuspießen wie ein friesischer Ringreiter. Andererseits traut er seinem Glück nicht und nicht den Zahlen der Demoskopen, die ihn längst zum Gewinner machen. »Wir können es packen«, ruft er von den Rednerpulten, wie um sich selber Mut zu machen. Dieses winzig-flaue Gefühl, das ihm die äußere Siegesgewißheit manchmal so anschwächelt, das läßt ihn nicht los. Doch zeigen darf er es keinem. Es kann immer was passieren, sagt er in nachdenklichen Momenten. Und denkt dabei an eigene Stationen des Scheiterns. An seine Machtlosigkeit im Angesicht höherer Gewalten. Es ist noch nicht lange her, daß er dieses Gefühl ertragen mußte, fassungslos und hilflos.

Anfang Juni stand er erschüttert und um Worte ringend am Bahndamm von Eschede. Über 100 Menschen waren beim schlimmsten Zugunglück in Deutschland ums Leben gekommen. Eine kleine niedersächsische Stadt zwischen Hannover und Hamburg war zum Katastrophengebiet, zum Symbol von Trauer, aber auch von Mitmenschlichkeit geworden. Zum Mahnmal dafür, daß sich in dieser technisierten Welt niemand sicher fühlen kann vor dem Undenkbaren, dem Unvorstellbaren. Das ICE-Unglück traf Schröder weit tiefer ins Mark, als er es sich vorstellen konnte. Tagelang mußten seine

Mitarbeiter Termine absagen und um solche, die sich einfach nicht absagen ließen, mit ihm feilschen. Ihm, der sonst nie um ein Wort, einen Satz verlegen war, versagte die Stimme. Das geschliffene Kondolieren ist seine Sache nicht. Es brauchte Tage, bis Schröder sich nach diesem Schock gefangen hatte.

Es kann also immer noch was passieren, denkt Schröder. Daß auch ihm einmal etwas passieren könnte, denkt Schröder nie. »Sowas verdrängt man.« Doris Schröder-Köpf dagegen hat jeden Morgen, wenn er die Wohnung verläßt, ein unruhiges Gefühl. Das BKA-Kommando der »Gruppe Schröder« umfaßt meistens 15 Personenschützer, die sich im Schichtdienst abwechseln. Auf den Wahlkampfplätzen, die nun immer drängeliger, immer voller werden, begleiten ihn nicht mehr zwei oder vier seiner Beschützer, sondern sieben oder acht. Dem Chef des Kommandos ist klar, daß mit dem größer werdenden Interesse und Ansturm der Fans auch die Gefahr für die Schutzperson steigt. Die Nervosität, die Anspannung, aber auch die Konzentration der Kerntruppe, die seit Jahren mit Schröder auf Reisen ist und meist rund um die Uhr in seiner Nähe wacht, steigen von Tag zu Tag.

Im bayerischen Bayreuth gelingt es dann trotzdem einem angereisten Hamburger »Jesus-Freak«, bis zur Bühne der Frankenhalle vorzulaufen. »Herr Schröder, ich möchte Ihnen sagen, daß Jesus Sie lieb hat«, brüllt der junge Mann und wird sofort von Schröders Leuten festgenommen und abgeführt. Daß einer der ansonsten harmlosen Sekten-Brüder, die mit ihm in der Halle sind, ein Messer dabei hat, erfahren die Schröders noch in der gleichen Nacht. Schröders Leibwächter wissen nach diesem ungewohnten Zwischenfall einmal mehr, daß die wogende Sympathie, die dem Kandidaten bislang entgegenkam, trügerisch sein kann.

140

Als Ende Juli die ersten Wahlbenachrichtigungen in die
deutschen Briefkästen flattern, ist sich Schröder noch lange
nicht sicher, »es« zu packen. Er befindet sich in einem ständigen Gefühls-Jojo. Seine innere Stimme sagt ihm: Es ist noch
nicht gelaufen. Seine Demoskopen sagen ihm das Gegenteil.
Die Kohl-Truppe ist aus ihrer Schreckstarre erwacht und greift
langsam an. Helmut Kohl läuft – wie immer, wenn er mit dem
Rücken zur Wand steht – zu großer Form auf. Die CDU will
ihren Amtsinhaber mit dem Kandidaten messen, wenn auch
nicht in einem Fernsehduell, wie Schröder es vorschlug. Eine
Woche vor der Wahl zum Beispiel soll es in Köln einen Showdown der beiden Wahlkämpfer geben. Dort hatte die SPD
die »Arena« angemietet für eine Wahlveranstaltung mit bun-
tem Vorprogramm. Im Juli erfahren die SPD-Organisatoren,
daß Kohl am gleichen Tag, zur gleichen Zeit auf dem Roncalli-
Platz reden wird. Hektisch telefonieren Sigrid Krampitz und
die Helfer in der Kampa Showgrößen zusammen, die für eine
volle Halle am Montag vor der Wahl sorgen sollen.

Schröder muß wieder nach Berlin. Jemand hat ihm einen
Termin mit dem Dirigenten und Pianisten Daniel Barenboim
an den Hals gehängt. Schröder weiß zwar nicht recht, was er
mit dem Mann reden soll, doch er quält sich tapfer durch das
einstündige Gespräch voller Kadenzen und Synkopen.

Am nächsten Tag kommt es noch schlimmer. Die aus
der Kampa haben ihm diesmal ein Programm in den Babelsberger Filmstudios zusammengestellt. Marlene-Dietrich-Hal-
le, Fritz-Lang-Platz und dann mit dem Troß ins große Studio,
wo »Solo für Klarinette« vertont wird, ein deutscher Spielfilm
mit ebenso deutscher Starbesetzung und einem harmlosen
Titel. Es ist dunkel, der Film spult ab. Götz George ist nackt.
»Das ist ja Schimanski«, sagt Schröder. Der Manager der

Babelsberger Filmstudios grinst, Schröder wird mulmig. Dann spielt auf der Leinwand, was die Bildzeitung später »Sex-Schock« nennt: »Götz Georges neuer Kino-Film. Total nackt. Brutal. Noch Kunst oder schon Porno?« Die anwesenden Journalisten wissen jedenfalls nicht, ob sie auf die Leinwand oder auf Schröders gequältes Gesicht gucken sollen. »Bloß raus hier«, sagt er und flieht aus dem Kinosaal, als wäre er wo erwischt worden.

Zur gleichen Zeit macht der Landtag von Hannover Business as usual und beschließt eine neue Gebührenordnung für Hebammen. Doch es sind andere Nachrichten, die im Sommer für Schlagzeilen sorgen. Das Doppel »Stollmann und Naumann« fegt alles weg, was sonst noch wichtig ist.

Jost Stollmann, Computer-Unternehmer aus Düsseldorf, nimmt in Schröders Team die Rolle des Wirtschaftsministers an. Und bringt damit die Partei zum Aufheulen. Der Rheinländer mit internationaler Biographie wirbelt in nur einer Woche Gewerkschafter, SPD-Prinzipalen und die Presse auf. Rascher Subventionsabbau, Rückführung hemmender Mitbestimmungsregularien, Reform der Rente. Alles was zum - Thema Modernisierung gehört, fährt der parteilose 43jährige Mega-Millionär auf und provoziert so das Geschrei der Parteisoldaten und Gewerkschaftskürassiere. Daß er das Parteiprogramm nie gelesen hat, daß er in seiner eigenen Firma nie einen Betriebsrat installiert hat, hilft der Verbesserung seines Ansehens nicht. Die erste platitüdengespickte Rede, die er bei einem SPD-Kongreß in Berlin hält, läßt die im Auditorium versammelten Unternehmer und Journalisten völlig ratlos. »Wenn ich mir vorstelle, der müßte mit seinen französischen, englischen oder amerikanischen Kollegen reden«, sagt einer aus dem Publikum, »dann wird mir angst und bange.«

Spät, viel zu spät registriert Schröder, daß er sich einen
überforderten Tolpatsch an Land gezogen hat. Doch als er das
mit Leichenbitter-Miene merkt, ist es zu spät: Von Stollmann
kann er sich nun nicht mehr trennen. Doch daß der ihm im
Endspurt schaden kann, spürt Schröder mit jeder Faser. So
klammert er sich im Sommer noch an die wenigen guten Kritiken, die sein Wirtschaftministerkandidat von der konserva-
tiven Presse erfährt: »Mit seinen Äußerungen zur Subventi-
onspolitik, zu Betriebsräten und zur Finanzierung der Sozialversicherung schaffte es Stollmann bemerkenswert schnell, an
jeder Wade mindestens einen Gewerkschaftsfunktionär hängen zu haben«, schreibt die »Süddeutsche Zeitung«. Und im
STERN lobt Stollmann auch noch die Verdienste des Bun-
deskanzlers Helmut Kohl: »Er ist ein Staatsmann, der Groß-
taten vollbracht hat mit der deutschen Einheit und dem Euro.
Das sind phantastische Leistungen.« »Wären Sie auch gefolgt,
wenn Kohl Sie als Wirtschaftsminister gerufen hätte?« fragt
STERN-Redakteur Andreas Borchers den Minister-Aspiran-
ten. Stollmanns Antwort: »Vorstellbar. Aber ich habe mich
mit Gerhard Schröder vereinbart.« Für manchen alten Genossen ist das einfach zuviel. »Das ist das Gefährliche an Jost
Stollmann«, schreibt Hans D. Barbier süffisant in der FAZ:
»Er sagt nicht nur die Wahrheit, er sagt die ganze Wahrheit.«
Doch es bleibt nicht nur bei Stollmann.

Nachdem der Hamburger Theatermacher Jürgen Flimm
dem Kanzlerkandidaten einen Korb gab, findet Schröder
schließlich im Verleger Michael Naumann seinen idealen Kul-
tur-Staatsminister fürs Kanzleramt. Naumann, einer, den
Herbert Wehner wohl früher »Tangojüngling« genannt hätte,
mischt wie Stollmann binnen einer Woche die schläfrig gewordenen Redakteure in den Feuilletons auf. Naumann be-

143

zweifelt die Notwendigkeit, in Berlin ein Holocaust-Denkmal errichten zu müssen, er hätte lieber das Berliner Stadtschloß wieder. Er kündigt Reisen nach Hollywood an, um der deutschen Filmwirtschaft auf die Sprünge zu helfen, und plant ein Fotomuseum in Berlin.

Der frühere Rowohlt-Chef wird vom einen Teil der Kulturschaffenden gefeiert, für die anderen ist er eine Anfechtung. Als Gerhard Schröder in der Berliner Parteizentrale, dem Willy-Brandt-Haus, sein Brief-Buch »Und weil wir unser Land verbessern...« vorstellt, ist Naumann umlagertes Kameraobjekt. »Kultur, Kultur«, sagt Naumann bei der Präsentationsfeier rieslingselig, »das ist ja eine regelrechte Kultur-Inflation hier in Deutschland: Streitkultur, Versöhnungskultur, Fernsehkultur, Fußballkultur, Medienkultur – nur eine Fick-Kultur gibt es hier nicht...« Als diese Feststellung von umstehenden Damen mitgehört wird, entschuldigt sich der elegante Mann formvollendet und reist zurück nach New York, wo er für den Holtzbrinck-Konzern einige Töchter hütet.

Zurück bleiben an diesem Juli-Nachmittag Buchautor Schröder, sein Ghostwriter Reinhard Hesse und der Schriftsteller und Laudator Sten Nadolny (»Die Entdeckung der Langsamkeit«).

Als Denis MacShane, Blairs einstiger Wahlkämpfer und heutiger Staatssekretär im britischen Außenministerium, im Frühjahr vorschlug, Schröder solle wie Tony Blair sein Wahlprogramm gut lesbar als Brief-Sammlung herausgeben, geht der Auftrag für den Briefbogen gleich an den Münchener Journalisten Reinhard Hesse. Er hatte vor Jahren schon an Schröders Stelle dessen Buch »Reifeprüfung« geschrieben. Hesse verfaßt Briefe an Joschka Fischer zum Beispiel, an einen DVU-Wähler und die Chefredakteurin der Zeitschrift »Der

Feinschmecker«. »26 Briefe für ein modernes Deutschland« steht im Untertitel. 26 Briefe – hauptsächlich an Männer. Das ärgert Doris Schröder. Die liest zwar alles gegen, was unter der Flagge »Schröder« ausläuft – Interviews, Anzeigentexte –, doch gegen das Buchkonzept kann sie nichts mehr ausrichten. Daß er ausgerechnet den Journalisten Heribert Prantl durch seine Ansprache aufwerte, einen, der ihn in der Süddeutschen Zeitung am ärgsten abwatscht, das ärgert Schröders Frau noch mehr als die vernachlässigte Frauenquote.

Arbeitgeberpräsident Dieter Hundt ärgert sich so, daß er gleich in der »Welt am Sonntag« seine Rückantwort als »billet doux« plaziert. Die Erben von Bertolt Brecht ärgern sich, weil der Titel des Buches ein lediglich schwach abgewandeltes Brecht-Zitat – »Und weil wir das Land verbessern...« – ist. Für das Original hatten die Erben, die die Rechte am Dichterwerk halten, ihr Okay nicht geben wollen. Daraufhin hat der Verlag das Buch »Und weil wir unser Land verbessern...« genannt.

Feinschmecker-Chefredakteurin Madeleine Jakits ärgert sich ein bißchen, weil sie erst von Buch und Brief erfährt, als der Spiegel für einen Vorabdruck um ein Foto von ihr bittet. »Ich werde Sie nicht wählen«, schreibt die zigarrerauchende Chefredakteurin dem Kandidaten zurück, »ich bin nämlich Österreicherin.« Ansonsten hält sich der Ärger in Grenzen. Zumal auch die Buchpräsentation in der Berliner SPD-Zentrale, dem Willy-Brandt-Haus, mal wieder zur Show gerät. Sten Nadolny hält eine furiose Laudatio und ordnet die Schröderschen Episteln innerhalb der ganzen Artenvielfalt des Briefeschreibens in die neugeschaffene Kategorie »Offener Wahlprivatbrief« ein. »Es handelt sich um eine Kombination von Werbe- und Pastoralbrief, und er steht formal in der

Nachfolge des Apostels Paulus«, preist Nadolny das Schrö-
der-Hesse-Werk. »Das Neue Testament der SPD« nennen
die Tageszeitungen am nächsten Tag Schröders Wahlbriefe.
»Wenn sich das Ganze doch bloß besser verkaufen ließe«,
jammert Schröder, als er bei einem Spaziergang »sein« Buch
in der unpopulärsten Ecke eines Schaufensters vergammeln
sieht.

Stollmann, Naumann, Riester – alle zusammengenom-
men, stoßen Schröders Personalentscheidungen im verregneten Sommer '98 auf Wohlwollen. Auch wenn die drei Quer-
einsteiger nichts anderes getan haben, als Staub aufzuwirbeln.
Die Nominierungen dieser Nicht-Politiker versprechen immerhin frische Rohkost nach all den Jahren des ewig durch-
gekauten Breis: neue Themen, neue Gesichter, neue Ideen.
»Kann sein, daß die beiden – vorausgesetzt, Schröder gewinnt
– schnell untergehen im grauen Politalltag, wo mit schwerem
Säbel und eingeschworenen Seilschaften gekämpft wird, wo
eine allmächtige Lobby jedwede Veränderung, jedwede Reform zu verhindern gelernt hat«, orakelt STERN-Chefredak-
teur Werner Funk in einem Editorial.

»Meine Leute behaupten, du seist ein Neoliberaler, Gerd,
genau wie ich«, schreibt New York Times-Reporter David
Binder in einem Clinton parodierenden Brief an den SPD-
Kandidaten. »Und daß du einerseits für soziale Gerechtigkeit und andererseits für Modernisierung bist. Bleib dabei,
Gerd. Phrasen haben einem Kandidaten noch nie geschadet.
Erst wenn du Tacheles redest, bekommst du Probleme. Sei dir
immer darüber im klaren, sie wählen dich, nicht ein Programm. Grundsatzpositionen verändern? Na und? Denk immer nur daran, daß du gewinnen willst. Das ist, was zählt,
Gerd. Und du gewinnst nicht mit Ideen, du gewinnst mit

Gemeinplätzen.« Niemand hat Gerhard Schröder je daran erinnern müssen, daß er gewinnen will. Etwas anderes ist dem psychisch robusten Kämpfer von Kindheit an noch nie in den Sinn gekommen.

Ende Juli macht sich Schröder mit großem Gefolge auf zu den Gemeindeplätzen Bayerns. Er hat lange nicht mehr vor Publikum geredet, in Sälen, Zelten, Hallen. Das muß er wieder können, wenn die heiße Wahlkampfphase beginnt. Mit Doris schlägt er sein Trainingslager im katholischen Eichstätt auf. Zum einen, weil sie dort in der Nähe von Tagmersheim sind, wo Doris' Mutter die Enkelin Klara hütet. Zum anderen lassen sich von Eichstätt aus alle Veranstaltungsorte in Bayern prima erreichen. Na, und drittens hatte Doris die Kleinstadt vielleicht auch aus sentimentalen Gründen ausgesucht: Hier haben sie sich in der »inoffiziellen Phase« heimlich getroffen.

»Ach Spatzl, hoffentlich klappt's«
Im Trainingslager

Vor kurzem war die Eisdiele »Cortina« am Marktplatz der barocken Residenzstadt Eichstätt noch eine ganz normale Eisdiele. Und ihr Chef, Achille Fellet, war ein ganz normaler Eisdielen-Besitzer aus dem italienischen Jesolo.

Doch seit einer Woche ist im bayerischen Eichstätt nichts mehr, wie es einmal war. Denn da wurde der Marktplatz zwischen »Hotel Adler«, »Cafe im Paradeis« und dem Biergarten der »Krone« auf einmal zur politischen Arena und die Eisdiele »Cortina« zum Headquarter des SPD-Kanzlerkandidaten. Und vielleicht kann Achille Fellet eines Tages sagen: Hier, an diesem Tisch, wurde deutsche Geschichte geschrieben. Oder der Wirt vom »Paradeis« sagt: Hier auf diesem Stuhl saß Schröder, als er noch kein Kanzler war, und hat den Sieg geplant. Frau Stigler vom Hotel »Adler« wird Fotos ins Frühstückszimmer hängen, weil Bundeskanzler Schröder mit Frau einmal eine ganze Woche in ihrer »Willibald-Suite« schlief. Und vielleicht werden sich die CSU-treuen Eichstätter am 27. September daran erinnern, wie Schröder an den Nachmittagen ganz verliebt und händchenhaltend am Markt saß – und einfach mal ihn wählen, statt Helmut Kohl.

Am Montag waren die Schröders etwas angeschlagen aus Doris' Heimatdorf Tagmersheim angereist, das ganz in der

Auf dem Marktplatz von Eichstätt sind die Schröders in Siegerlaune.

Auch wenn er manchmal verquaste Sätze sagt, wird er abgeknutscht.

149

Nähe liegt. Abends zuvor gab es eine verspätete Hochzeitsfeier, und Schröder hatte Bier, Schnaps und Wein durcheinander gekippt. Es sei trotzdem schön gewesen, schwärmt er: Die Haxe riesig und gut, »und dann nur Neunmarkneunzig«. Beim besten Willen habe er nicht mehr als 500, 600 Mark loswerden können für den gesamten Feierabend. Und am Ende des Festes hat Tante Hilde, bei der die Schröders am zweiten Weihnachtstag immer zum Essen sind, gesagt: »Gerd, wir kennen dich nur privat, und nun wollen wir dich auch einmal dienstlich erleben.« Dienstags drauf sind die Tanten und Cousins dann nach Eichstätt gefahren, um den angeheirateten Neffen einmal live reden zu hören. Wer sonst hat schon einen in der Verwandtschaft, der Bundeskanzler werden könnte? Er hat, wie üblich, alle Hits aufgefahren. Den zu Seehofers Gesundheitsreform: »Die Union regiert nach dem Motto: Freunde, wenn wir euch schon nix zu beißen geben, was braucht ihr dann gesunde Zähne?« Oder zur Lohnkürzung im Krankheitsfall: »Ich hab' noch nie gehört, daß man dann auch 20 Prozent Preisnachlaß beim Kaufmann kriegt.« Er weiß, wovon er redet. Schließlich geht er fast jeden Samstag einkaufen, damit Doris nicht die schweren Tüten fünf Stockwerke hoch in die Dachwohnung schleppen muß. Doch wenn er seine Lieblingsformeln wieder- und wiederkaut, in Sälen und auf Plätzen, in Fernsehinterviews und in der Bundestagsrede, dann schmecken sie langsam fad. Aber es gibt niemanden, der ihm gelegentlich sagt: »Kill your darlings.«

Manchmal sagt Schröder auch Sätze, die aufgeschrieben keinen Sinn ergeben: »Ich will endlich haben, daß der Mangel am Für und Wider in der Bekämpfung der Arbeitslosigkeit zum Maßstab für erfolgreiche Politik wird.« Das Gstanzl liest sich zwar wie Kohl, aber die Leute verstehen den Kappes sofort und jubeln und klatschen. 18jährige Mädchen fallen ihm dafür um den Hals. Auch weil er beim Reden – jedenfalls dann, wenn seine Frau als Maskottchen in der ersten Reihe sitzt – sämtliche rhetorischen Register zieht, die er seit Jahren drauf hat. Die Kunstpausen, die er bei Helmut Schmidt abgekupfert hat. Die eindringlichen Gesten von Willy Brandt. Das Kläffen des alten Wehner und das stiernackige Derblecken des seligen Franz Josef Strauß.

Er ist kein Marcus Antonius, kein Cicero. Aber er kann, wenn er in Stimmung ist, Zelte voller CSU-Wähler umdrehen, daß es einem angst wird. Und manchmal kann man auf den Marktplätzen und in den Festhallen sogar den Linoleumboden riechen, den er selbst als Lehrling fegen mußte. Wenn er über Bildungschancen spricht, zum Beispiel, vom »Trampelpfad für die Kinder der Armen«, und vom »Königsweg« für die anderen. »Lieber Gerhard«, hebt Wolfgang Löffler, der SPD-Ortsvereinsvorsitzende aus Wellstein, nach Schröders Auftritt im Gasthof »Zum Klettergarten« an, »ich mache keinen Hehl daraus, daß du für mich ein Vorbild bist.«

Wolfgang Löffler hat auch noch andere SPD-Vorbilder, den Herbert Wehner etwa, und Willy Brandt. Und er ist bei weitem der »cleverste Einlader und der schnellste«, den Schröder kennt. Denn als die ersten Pressemeldungen auf dem Markt waren und die Liaison des Niedersachsen mit der Tagmersheimerin herausbrüllten, da hatte Doris Schröders Mutter bereits von Löffler eine Einladung zum achtzigjährigen Bestehen des Ortsvereins Wellstein im Briefkasten. Nicht für sich, natürlich. Sondern für den künftigen Schwiegersohn. Obwohl Schröder immer behauptet, daß ihm Zelte weniger angenehm seien als ordentlich bestuhlte Hallen – Hallen, in denen kein Bier ausgeschenkt werde und konzentriert gelauscht.

151

Dies könnten die Säulen der Sozialdemokratie sein. Sind es aber nicht.
Interview mit dem TV-Mann Roger Willemsen im bayerischen Eichstätt.

Obwohl er den kleinen Saal lieber hat als den großen, kommt er auf seiner Sommerreise so gut bei den Bayern an, daß die Tour wie ein vorgezogener Siegeszug wirkt. »Man muß die Menschen da abholen, wo sie stehen«, drischt er den ältesten Wahlkämpferspruch. So, als ob das sein Geheimnis wäre.

Nur Schröders Schwiegermutter hat tief und besorgt geseufzt, als sie merkte, daß die beiden gar nicht nur auf Flitterwochen im Altmühltal waren, sondern auch im Wahlkampfstreß: »Ach Kinder, ihr könntet es so schön haben!«

Aber so schön wie jetzt hatte Schröder es noch nie. Dieser Wahlkampf war für ihn bislang eine einzige Love-Parade. Mit Techno-Stollmann und Tango-Naumann. Und mit dem Bayerischen Defiliermarsch, den sie ihm jeden Abend spielen, wenn er auf seiner Sommerreise in die Hallen und Bierzelte von Bayreuth und Eggenfelden einzieht. Alles scheint ihm an der Seite dieses bayerischen Sonnenkindes so leicht wie ein Schmetterlingsflug. Nur in seinen Reden dachte er noch gelegentlich an den dickfelligen Koloß da unten am Wolfgangsee. Aber das war auch alles.

Wenn er morgens mit Doris das rosa gestrichene Hotel am Marktplatz verläßt, warten die Fotografen und Fernsehleute bereits auf der Straße. Und am ersten Tag wirkt Doris inmitten des Pressepulks noch wie eine junge Taube, die aus dem Nest gefallen ist. Aber schon nach zwei Tagen gibt sie, locker an den Willibalds-Brunnen gelehnt, muntere Interviews für Pro Sieben, manchmal sogar in englisch, denn sie hat längere Zeit in New York gelebt. Sie hat auch ihre Tochter dort geboren. Schröder selbst flitzt wie ein Weberschiffchen zwischen »Krone«, »Paradeis« und Sparkasse hin und her. Denn dort haben sich die Zeitungsmacher und Fernsehsender in jener Woche eingenistet, um ihre Sommer-Interviews aufzuzeich-

153

nen, Roger de Weck von der Zeit und Roger Willemsen vom
ZDF. Jeder verspricht Schröder das »besondere, das ultimati-
ve Interview«. Und der lehnt sich gefällig zurück ins Som-
merloch, zieht an seiner Montecristo, wirft jenem ein Bröck-
chen zu und diesem ein Häppchen.

In Nürnberg, nach seiner Rede in der Meistersingerhalle,
überreicht ihm ein Herr drei Kisten mit den dicken Kubane-
rinnen. Die habe er in der Dominikanischen Republik besonders billig für den Kanzlerkandidaten erworben, schreibt er,
und der möge ihm doch bitte rasch 1500 Mark überweisen.
»Haben wir noch soviel auf dem Konto?« fragt Schröder
seine Frau. »1500 Mark für Zigarren!«, stöhnt die und verrät
den Journalisten, die sich mit ihren Cappuccini schon wieder
um den Kandidaten gruppiert haben, daß ihr Gatte im Haus-
halt nur eine einzige Aufgabe habe – das monatliche Wässern
der Humidors, seines Zigarren-Tresors. Später, zuhause in
Hannover, stellt sich dann heraus, daß alles gefälscht ist: die
Zigarrenkisten aus der Dominikanischen Republik, die Ban-
derolen, die Zigarren. Grauenhafter Billig-Knaster, aber da
hatte Schröder das Geld schon überwiesen. (Als die Bild-Zeitung über die Fälschung berichtet, erhält Schröder seinen
Scheck zurück, teilt sich jedoch mit dem ebenfalls betrogenen
Mann den Schaden.)

Dann ruft Friedhelm Farthmann an, der SPD-Landser aus
Düsseldorf. Doris Schröder guckt verdutzt auf ihr leoparden-
gemustertes Handy: Seit Jahren hat sie nicht mehr mit Friedhelm Farthmann geredet. Jetzt ist er zuckerwassersüß. Er
wolle sie für seine Hospiz-Stiftung gewinnen, sagt er. Da sei
aber auch Strauß-Tochter Monika Hohlmeier von der CSU
schon drin und wäre somit Doris ältere Kollegin. »Spinnt
der?« knurrt Schröder. »Wir haben uns vorgenommen, erst

nach der Wahl zu entscheiden, welche Schirmherrschaften ich übernehme«, sagt die Kanzlerkandidatengattin höflich.

Als nächster ist Franz Müntefering an Schröders Telefon, aus der SPD-Kampfzentrale Bonn. »Was war'n das für'n komischer Vorschlag: Im Osten könnten unsere von der SPD ruhig mit der PDS anbandeln?« fragt der Kandidat unterm Sonnensegel Richtung Rheinland. Müntefering gesteht kleinlaut, daß ihn ein Reporter aufs Glatteis geführt habe, und überhaupt habe er alles gar nicht so gemeint. Interview-Laien! »Gib den Gedanken, die du hegst, nicht Zunge«, bimst Polonius seinem Sohn Laertes ins Gedächtnis. Hamlet, erster Aufzug, dritte Szene. Aber ob Franz Müntefering mit Shakespeare so vertraut ist? Oder Jost Stollmann?

Jost Stollmann, Schröders Wirtschaftsminister in spe, fliegt gerade erneut für eine Woche aus dem Amerika-Urlaub ein, legt Tretminen in Zeitungen ab, wo er kann, und düst von dannen, weil er erschrocken ist von den Detonationen. Wieder ist kein Thema vor Stollmann sicher. Und Schröder muß sich hinterher mit den Gewerkschaftern aus Bayern und den Alt-Genossen aus der Restrepublik rumzanken: »Hör mal, Gerd, das mit deinem Stollmann reicht uns jetzt aber. Alles machen wir auch nicht mit!« In den Abend-Reden besingt Schröder dann immer den Langmut und die Disziplin der Genossen und besonders die von Oskar Lafontaine. Und immer riecht es ein bißchen modrig, wenn er von dem spricht. Jost Stollmann durfte ihn trotzdem zu Bill Clinton begleiten. Und gern erzählt Schröder, wie der eine Woche zuvor die Lufthansa verrückt gemacht habe, weil er in der First Class vor mitreisenden Journalisten abgeschirmt werden wollte. Die Lufthansa hatte aber keine Idee, wie sie das machen sollte. Stollmann ist dann mit der Concorde nach

Washington gejettet. Da braucht man zwar nur drei Stunden oder so, aber welche Redaktion zahlt ihrem Tintenstrolch schon ein solches Ticket?

Die Wahrheit ist: Schröder genießt es, wenn Unruhe in den Laden kommt. »Zünftig, trachtlig, aber nicht zopfig«, sagt der Bayerische Rundfunk in jener Bayern-Woche. Denn das ist genau der Trick, den Wahlkampfberater Bodo Hombach als Strategie ausgegeben hat: Die Union darf kein Themenübergewicht kriegen! »Agenda setting« nennen es Kommunikationswissenschaftler, wenn man täglich die Top-Meldung auf der Nachrichten-Rangliste liefert.

Deshalb quengelte Bodo schon vor Monaten: »Wir müssen denen den Aufschwung klauen – wenigstens müssen wir das Thema egalisieren.« Und damit Hombach endlich Ruhe gab, hat Schröder einfach mal ausprobiert, was passiert, wenn er sagt: »Der Aufschwung ist meiner.« Nix Schlimmes passierte. In Meinungsumfragen fanden prompt 28 Prozent der »klugen Deutschen«: Der Niedersachse hat recht.

Ob man gut ist oder schlecht, sagt der Wahlkämpfer, »das hängt davon ab, wie es einem persönlich und politisch geht – und in beidem geht's mir unvergleichlich gut.«

Kein Wunder, denn am Morgen sind drei auffällige Herren auf dem Marktplatz aufgetaucht: Manfred Güllner vom Umfrage-Institut Forsa und zwei Engländer aus der Blair-Barakke. Alle hatten dicke Zahlenstapel dabei. Achille Fellet hat gleich gewußt, diese Männer sind wichtig. Kurz darauf konnten Bürgermeister Arnulf Neumeyer und auch Frau Stigler vom »Adler« beobachten, wie der Trupp rüber zum »Paradeis« zog. Manfred Güllner und die Briten hatten herausgefunden, daß Schröder das Thema »Steuern«, das der SPD in früheren Wahlkämpfen regelmäßig den Hals brach, vorsichtig

Der Kanzlerkandidat unter bayerischen Genossen in der Eisdiele.

Als Ehemann beim Fototermin auf der Burgruine Wellheim-Konstein

in die Reden einarbeiten könne. »Steuern ist ab sofort SPD-Thema«, so der Meinungsforscher. Schröder, dessen Frau zwei Tage zuvor noch in München beim Steuerberater gewesen war, gelte inzwischen auch »auf diesem Gebiet als kompetenter Politiker«.

Dann und wann, wenn er saumselig in der Eisdiele unter weißblauem Himmel saß, dann erwischte sich Schröder dabei, wie er wieder mal von seiner künftigen Wohngemeinschaft träumte, obwohl er doch das Fell nicht hatte teilen wollen, bevor der Bär erlegt ist. Nach der Wahl würde Doris nämlich erstmal in Hannover bleiben und er, der nicht gut allein sein kann, nähme ein Zimmer im Bonner Palais Schaumburg. Pressesprecher Uwe Heye, Alfred Tacke, sein Wirtschaftsstaatssekretär, Büroleiterin Sigrid Krampitz, Kanzleramtschef Frank-Walter Steinmeier – sie alle hätten dann auch Zimmer in der Kanzler-WG. So Schröders Plan. Und abends, da sitzen sie dann alle um einen großen Tisch beim Barolo, laden handverlesene Journalisten ein und quatschen. »Oh, Gott«, gestehen sich die potentiellen Wohngemeinschaftsmitglieder in schwachen Stunden: »Dann haben wir ihn ja rund um die Uhr am Hals.«

Von diesen Vorbehalten weiß Schröder natürlich nichts. »Ach Spatzl«, sagt Doris dann immer, und ist ganz blaue Augen, Himmelsstern, »hoffentlich klappt's.«

»Ich hab' sogar mal
die Revolution geplant«
Clintons Segen

Während das Paar durch Bayern hetzt, mehr auf der Flucht als auf Flitterwochen, laufen in Hannover und Bonn die Vorbereitungen für einen der wichtigsten Auftritte des Schröder-Sommers: Der Besuch bei Präsident Bill Clinton im Weißen Haus. Hatte Schröder früher gern laut und derb getönt, Wahlen würden in Deutschland gewonnen, mit innenpolitischen Themen, so war ihm spätestens bei Clintons heißersehnter Einladung von Berlin klar: In Washington darf ich mich nicht blamieren.

Es ist Tradition, daß bei einem ordentlichen europäischen Wahlkampf der Ritterschlag des amerikanischen Präsidenten für den Oppositionskandidaten dazugehört. Johannes Rau und Hans-Jochen Vogel waren bei Ronald Reagan, Oskar Lafontaine plauderte 40 Minuten mit George Bush, Rudolf Scharping traf Bill Clinton. Björn Engholm war abgelöst, bevor er überhaupt reisen konnte. Es ist auch Tradition, daß Helmut Kohl seinen Freund Bill besucht. Allerdings sitzen sie dann nicht nur auf den cremefarbenen Sesseln im Besucherzimmer des Oval Office, des Clinton-Büros, das nach der »Lewinsky-Affäre« nunmehr zu einer gewissen Berühmtheit gelangt ist. Nein, sie fahren in die Stadt, um bei Kohls Lieb-

lingsitalienerin Joanna Filomena Chiaccieri Nudeln und Cala-
mares zu essen. Wie ganz normale Leute. »Nudel-Diploma-
tie« nennt die New York Times diese Ausflüge anerkennend.

Seit Wochen feilten die Organisatoren am Programm des
»Giganten-Killers«, wie das amerikanische Nachrichtenma-
gazin Newsweek Schröder nannte – auch anerkennend. Daß
es der 5. August sein würde, an dem Schröder den Westflügel
des Weißen Hauses betreten würde, war klar. Wann aber
genau, wie und mit wem, das stand auch drei Tage vor der
Abreise noch nicht fest. Er würde an Doris 35. Geburtstag
nicht da sein, das wußte Schröder jedenfalls, und das hätte
ihm die Reise in der Ersten Klasse der Lufthansa fast ein
bißchen vermiest. »Ich war schon öfter an Geburtstagen
allein«, beruhigte sie ihn, »ich bin daran gewöhnt.« Das Beru-
higende an dieser Frau sei, daß es wirklich so ist, wie er seinen
Leuten immer sage: »Doris kennt die Materie«, erklärt Schröder. Sie war lange genug mit dem Politzirkus unterwegs, um
zu wissen, wie gern die Akteure mit Journalisten zusammen-
glucken, obwohl die Veranstaltung längst vorbei ist. Sie weiß,
daß man einen Besuch beim mächtigsten Präsidenten der Welt
nicht einfach verschieben kann. Sie macht ihm keine Szenen.

So fühlt er sich gewappnet für den Ausflug nach Washington. An seiner Seite ist Günter Verheugen, der schon Außenminister Genscher kundig auf solche Reisen begleitet hatte.
Verheugen sind Bosnien, der Kosovo und all die anderen
Brandherde in der Welt sowas wie eine außenpolitische Heimat geworden.

Er hat eine Rede im Gepäck, an der Klaus Harpprecht mit-
geschliffen hatte. Uwe Heye und Politik-Professor Karl Kaiser
hatten ihn auf die Gespräche mit Clinton und Außenministe-
rin Madeleine Albright vorbereitet. Bei Notenbank-Präsident

Alan Greenspan würde er Jost Stollmann reden lassen, das
hatte er sich so vorgenommen, schließlich sollte sich auch sein
designierter Wirtschaftsminister ein wenig profilieren dürfen.
Und schließlich ist da noch die bewährte Lena Hassinger-
Lees. Mit dieser Dolmetscherin würde er weder bei Clinton
noch beim Botschafts-Essen einbrechen können. Sie konnte
ihn besser übersetzen, als er überhaupt je gesprochen hatte.
Und hübsch und charming war sie auch noch. Anderthalb
Tage Washington also, eine mörderische Reise. Schon jetzt
freute er sich auf den Urlaub auf der Nordseeinsel Borkum.

Als er im Watergate-Hotel ankommt, ist in Deutschland
Mitternacht. »Kommt mal schnell mit«, ruft Schröder einige
Journalisten zusammen. Die flitzen, weil sie eine geheime
Presseerklärung wittern. Doch im Untergeschoß des Hotels
läßt der Kanzlerkandidat die Runde nur Aufstellung nehmen und in sein Handy singen: »Happy birthday, dear Doris,
happy birthday to you.« Bevor den Berichterstattern peinlich
klar wird, was sie gerade tun, hat er sich schon umgedreht
und ist mit Jost Stollmann in die Residenz des deutschen Botschafters verschwunden.

Am nächsten Morgen ist es heiß, irgendwas über 30 Grad.
»War'n Se da schon mal, im Weißen Haus?« fragt er mich, als
ich vorm Hotel aufs Taxi warte und er zunächst zum »Natio-
nal Press Club« fährt. Ich kann nur nicken. Für die Antwort
ist keine Zeit. Er sieht nicht nervös aus. Er sieht aus, als müsse
er bloß den Tag der Niedersachsen eröffnen, in Meppen oder
Papenburg. Nur die Krawatte ist an diesem Tag von erhabe-
nerer Langeweile denn je. Dunkelblau mit silberweißen Dia-
gonalstreifen.

Ich war vor Jahren einmal in Clintons Besucherzimmer, als
Kanzler Kohl Visite im Weißen Haus machte. Kohl kam

durch den Haupteingang, wie es sich für Regierungschefs gehört. Die deutschen Journalisten sammelten sich schon Stunden zuvor im Kabuff der White House Press, einem länglichen Raum mit angeschraubten Kinositzen und kleinen Metallschildern an den Lehnen, in die die Namen der berühmtesten Washingtoner Reporter eingraviert waren. Manche von uns ließen sich hinterm Rednerpodest des Pressesprechers fotografieren. Es dauerte vielleicht zwei Stunden, dann führte uns eine ältliche Protokolldame ins Heiligste, das heißt hinter eine dicke Absperrkordel im Oval Office. »Meet the Press« heißen diese Spektakel. Das weltberühmte Besucherzimmer leuchtete an diesem Februarmorgen wie ein Messingtablett. Die Sonne schien in die Gesichter von Kohl und Clinton. Der Kamin zwischen den Sesseln war kalt. George Washington überm Kaminsims schien zu blinzeln. Die Kollegen fotografierten das Shakehands, die Fernsehleute von RTL und ZDF versuchten Halbsätze aus deren Warmlauf-Konversation zu erhaschen. Ich sah mir den Raum an. Und den Präsidenten.

Plötzlich blickte Clinton auf die Journalisten und erklärte, er wolle nun die Presse kennenlernen. Steht auf und streckt mir seine Hand durch zwei Reihen von Fotografen entgegen. Er heiße Clinton, sagte er. Ich habe keine Erinnerung mehr, was ich in diesem Moment antwortete. Es ist vier Jahre her. »Was Sie für Leute kennen«, spottete Schröder, als ich ihm irgendwann davon erzählte.

Clinton hatte ihn nicht warten lassen. An jenem brüllheißen Mittwochvormittag betritt Schröder mit seinen Begleitern Stollmann, Heye und Verheugen den Westflügel des Weißen Hauses. Den Nebeneingang, durch den auch Tony Blair vor seiner Wahl gehen mußte. Reporter, die sich unter den Bäumen vor dem Gebäude in der »stake-out-area« aufgebaut hatten, stoppen die Zeit, als er wieder herauskommt: Eine Stunde »presidential time« statt der geplanten 20 Minuten – das ist Rekord bei Kanzlerkandidaten.

54 Tage vor der Wahl legt ihm Clinton die Hand aufs Knie und plaudert in so vertrautem Ton mit ihm, als wären beide alte Freunde. Man hakt die Themenliste ab: Asienkrise, Bosnien, Kosovo, Türkei. Schröders vielbeschworener »dritter Weg«, der wirtschaftliche Dynamik mit sozialer Gerechtigkeit verbinden soll. Der Präsident sei, auch ohne daß man lange darüber geredet habe, über die Umfrageergebnisse und das Programm des Kandidaten im Bilde gewesen. »Ich habe die Ergebnisse der Umfragen nur kurz erläutert und die Situation«, sagte Schröder in der Presseerklärung, »aber ich war der Auffassung, daß man sehr gut informiert war.«

Niemand in der Delegation war nach dem Besuch so euphorisch wie der sonst eher nüchterne Günter Verheugen: »Ich denke, daß auf der Clinton-Seite hier nicht nur der Wahlkämpfer gesehen wurde, sondern der künftige Kanzler«, schwärmte er. Verheugen weiß, was er früher erlebt hat, wenn Sozen reisen. Nicht unbedingt leibhaftig an der Seite Rudolf Scharpings etwa. Aber er hat damals nach dessen Besuch die Protokolle gelesen. Das hat ihm gereicht.

Dabei hatte Schröder sich einfach nur so verhalten wie immer. Er hatte mit großer Vagheit große Themen angesprochen und die mit freundlich-offenherzigem Gesicht präsentiert. Wie am Vorabend, als er der erlauchten Tischgesellschaft in der Residenz des Botschafters gestand, seiner Frau sei es ohnehin viel lieber, er würde Gouverneur von New York als Kanzler von Deutschland. Denn die sei ein großer New-York-

Fan. Überhaupt war ihm in der symmetrischen Architektur des Baumeisters Oswald Mathias Ungers, unter Lüpertz-Gemälden und kalten Orchideen das Gefühl durchgebrannt. Er saß mit Senator Richard Luger am Tisch; US-Unterhändler Richard Holbrooke, verschiedene Honoratioren und eine alte New Yorker Freundin von Jost Stollmann waren um die runden Tische in der Residenz verteilt. Und Schröder befand, daß seine Generation, er selbst besonders, ein ganz selbstverständliches Verhältnis zu Amerika habe. Vietnam-Krieg, die Pop-Kultur, die Blumenbewegung – dies alles seien große Themen in seiner Jugend gewesen. Solche, die ihn emotional berührt hätten und geprägt.

Und heute? »Meine Tochter, unsere gemeinsame Tochter Klara, hat nur die amerikanische Staatsbürgerschaft und nicht die deutsche«, berichtete er über die Tochter seiner Frau, »das interessiert uns aber gar nicht. Das ist ganz selbstverständlich.« Schröder weiß ziemlich genau, wie wirkungsvoll solche persönlichen Einsprengsel sind, nicht nur in Amerika. Dennoch ist es neu, daß er Privates auf diese Weise instrumentalisiert. Tochter Klara hat er bislang nie in seine Argumentationen einbezogen. Die Amerikaner finden das toll.

Auf die Frage eines Abendgastes, was moderner werden solle in Deutschland unter Kanzler Schröder, führt der erst einmal »die Universitäten, die Professoren« an. In Deutschland sei wirtschaftlich alles viel flexibler, erklärt er, als Verbandserklärungen glauben machen. Seine Aufgabe sei es, künftig solche Verbandserklärungen der Wirklichkeit anzupassen. Und weil er Zweifel hat, ob die Tischgesellschaft das versteht, legt er plakativ altbekannte Null-Sätze nach: Er werde »wirtschaftliche Prosperität mit ökologischen Notwendigkeiten« zusammenbringen, zum Beispiel. Oder Schröder-

Sprech-Sätze, die mit »Im übrigen...« beginnen und natur-
gemäß mit »Das hat zu tun mit...« enden.

Der Grund, warum viele politische Beobachter in Bonn
und anderswo den Wahlkampf zu diesem Zeitpunkt bohrend
langweilig finden, ist, daß es '98 nicht um Programme und
Inhalte geht; daß es aber auch nicht richtig zum Showdown
der beiden Gladiatoren kommen will. Alle haben begriffen,
dieser Politikwechsel ist – wenn er im Herbst gelingt – allein
ein Politikerwechsel. Eine neue, eine grundsätzlich andere
Politik wird es mit Schröder nicht geben. »Schröder verkauft
die Illusion des Wandels und die Gewißheit, daß sich nichts
wandelt«, faßt Jane Kramer im »New Yorker« die Wahl-Stra-
tegie des SPD-Mannes zusammen.

Ganz nebenbei definiert Schröder an diesem Abend auch
sein Verständnis vom Kanzlerjob in der heutigen Zeit: Er will
kein Übervater sein, kein Mega-Kohl. Er will ein Moderator
sein, der möglichst unterschiedliche Denkansätze und Personen zusammenbringt und sich zur Not nicht scheut vor harten Entscheidungen. »Schröder ist ein Manager des Politischen«, schreibt der Göttinger Politologe Franz Walter. Ein
moderner Politiker müsse heute »integrieren und kommuni-
zieren, moderieren und balancieren«. Und er muß »aktivie-
ren, Positionen verschieben, neuen Kräften Raum bahnen«.
Bei allem, was Kritiker Gerhard Schröder vorhalten, selbst die
aus den eigenen Reihen, die ihm programmatische Leere vor-
werfen – daß er ein Moderator ist, einer, der unterschiedliche
Leute unter einen Hut bekommt, daran zweifelt niemand.

Clinton war »eine interessante Erscheinung«. Madeleine Albright eine »dolle Frau«. Notenbankchef Alan Greenspan war
so »interessant« wie das Kantinenessen, das es mittags in der
»Federal Reserve« gab.

Bei CNN hat er ein kurzes Studio-Gespräch absolviert. Dann zwei Beck's-Bier in der Lobby des Watergate-Hotels und ein paar Schritte mit Jost Stollmann am Potomac, bevor der wieder in die Ferien nach Long Island mußte. Schließlich kam sein Auftritt in der ehrwürdigen Georgetown-Universität. Clinton hat hier schon zwischen altem Holz, Leder und Butzenscheiben gesprochen, aber auch Helmut Kohl und Helmut Schmidt. Letzterer in englisch. Das Thema von Schröders Vortrag lautet »Amerika und Europa – eine unentbehrliche Partnerschaft für das 21. Jahrhundert«. Als Schröder mit der Rede beginnt, blicken ihm von oben sechs Musen über die Schulter: Moral, Treue, Patriotismus, Kunst, Wissenschaft und Lehre. Von unten nicken ihm seine Berater aufmunternd zu. Und wenn er mitten in der staatstragenden Rede – die, wie wir von Uwe Heye wissen, ein »langwieriger Prozeß« war – unweigerlich wieder in seinen Lemgoer Duktus verfällt, dann nicken die Berater, Heye und Verheugen, anerkennend und zufrieden lächelnd. Ja, es war gut, daß sie ihn in den letzten Monaten auf Reisen geschickt haben, wie Wilhelm Meister in den Lehr- und Wanderjahren – nach Straßburg, Paris, Warschau, London, Rom. Irgendwie wirkt seine »Botschaft der Beruhigung« an die außenpolitisch interessierten Zuhörer im Saal wohl ganz überzeugend. Denn nur einer fragt am Ende, warum man Schröder überhaupt wählen solle, und der ist Vertreter der CSU-eigenen Hanns-Seidel-Stiftung: »Sie sind gegen den Euro gewesen, gegen die Einheit, gegen den Nato-Doppelbeschluß.«

»Ich hab' sogar mal die Revolution geplant«, antwortet der Ex-Juso-Chef. Es müsse Politikern doch wohl erlaubt sein, Entwürfe, die man für gut hält, an der Wirklichkeit zu prüfen.

Ganz am Ende dieses Tages will einer wissen, wie Schröders

Pläne für die Zeit nach der Wahl sind, schließlich seien Johannes Rau, Oskar Lafontaine und Rudolf Scharping nach deren jeweiligen Kandidaturen wieder auf ihre Posten in den Ländern zurückgekehrt. »Die Frage, was is, wenn nich?«, sagt Schröder, »da denke ich gar nicht drüber nach – das habe ich verdrängt.« Doch das ist nur zu zwei Dritteln ehrlich.

Manchmal ärgert er sich schon über seine »vortreffliche Wahlkampfleitung«, die ihn auch 40 Tage vor der Wahl klein hält. Manchmal fragt er sich, warum die Lafontaines und Münteferings ihn nicht endlich ganz nah an die Rampe schieben. Er ist es doch schließlich, der die Partei so hoch in die Charts katapultiert hat. Sogar FAZ-Kommentator Volker Zastrow schreibt, daß ein Mann wie Schröder die Aussicht habe, »den Wählern seiner neuen Mitte zumindest zeitweise die irrige Hoffnung zu vermitteln, er könne die SPD zu einem Kanzlerwahlverein kastrieren. Schmidt hat dasselbe versucht und ist gescheitert.«

Manchmal wirkte Schröder so, als sei er sich sicher, sogar ohne die Partei im Rücken gewählt zu werden. Manchmal schien es, als wolle er sich geradezu abkoppeln von der Pflegefamilie SPD, in der er aufgewachsen war. Er habe der Partei nichts zu verdanken, fand er, aber die ihm eine Menge – wenn es klappt. Aber wie die seine Piesakereien nicht wegstecken konnten und auf einmal dankbar seien, so konnte auch er nach all den Jahren der Gängelei keine große Verliebtheit für seine Genossen aufbringen. Wie alle stolzen Menschen hatte er sich lange von denen aus Bonn quälen lassen. Hatte ihre Beschwerdebriefe belächelt, ihre Angriffe abtropfen lassen. Hatte lieber mit anderen zusammengestanden als mit den eigenen Leuten. Er hatte sogar versucht, für ihre Eifersüchteleien Verständnis zu haben. Denn niemanden haßt das

Orchester so sehr wie den Solisten, der aus ihm hervorgeht. Aber in all dieser Einzelkämpferei war ihm das Zugehörigkeitsgefühl zu dieser Parteispitze abhanden gekommen. Nur an der Basis, bei den »einfachen Genossen«, konnte er das noch beleben.

Vor der Wahl schwänzte er die Präsidiumssitzungen, wo er konnte – was mußte er noch bei denen antanzen? Er telefonierte lieber mit Bodo Hombach als mit der Kampa. Aber es wurde ihm auch immer klarer, daß auf den Wahlzetteln außerhalb Niedersachsens nun mal nicht »Gerhard Schröder« stand, sondern SPD. So sahen in den letzten Wochen vor dem Wahltermin plötzlich viele ein taktisches Aufeinanderzurücken von Kandidat und Partei. Kompromisse von beiden Seiten im »Start-Programm« etwa. Demonstrative Zweisamkeit zwischen Parteichef Oskar Lafontaine und Ausputzer Schröder.

Gegen die Eitelkeiten derer, die von Bonn aus mitmischen wollen, die den politischen Korrespondenten »Papierchen« gegen sein Wahlkampfkonzept zuspielen, ist er irgendwie nicht angekommen. Und manchmal ist es ihm auch einfach zu blöd, selbst zu sagen: Stellt mich in den Vordergrund, plakatiert mich größer, wuchert mit mir. Er kann nicht verhindern, daß manche die einmal begonnene Demontage des ungeliebten Kandidaten immer noch nicht stoppen können.

Aber er kann sich inzwischen darüber freuen, daß Leute wie der altlinke Plakat-Künstler Klaus Staeck aus Heidelberg, der nie einen Hehl aus seiner Schröder-Antipathie machte, nun Aktionen für ihn und seinen Sieg plant: »Aktion für mehr Demokratie« heißt so ein Spektakel, mit dem Intellektuelle und Kulturschaffende bei einem Fest in Berlin wieder an die SPD gebunden werden sollen.

Ja, manchmal, wenn er ganz ehrlich ist, dann hat er doch – so kurz vor der alles entscheidenden Wahl – »Bammel«.

Aber nicht jetzt. Er hat keine Ahnung, wie lange er in Washington auf den Beinen war. Es war ein einziges langes Händeschütteln und Reden. Er hat noch im Ohr, wie die kesse Madeleine Albright ihm zum Abschied ganz undiplomatisch sagte: »Ich wünsche Ihnen alles Gute für Ihre Wahl«, und dann kokett hinterher: »Ups, das darf ich doch gar nicht sagen.« Und als Schröder auf dem Rückflug seinen Fenstersitz ausstreckt und sich zum Schlafen krümmt, da sieht er aus wie ein müder, zufriedener Held.

Er hat sich und eine wichtige Schlacht elegant geschlagen. Er hat dem besten Freund Helmut Kohls eine Stunde Zeit weggenommen – und das auf dem Höhepunkt von dessen schlimmster politischer Turbulenz, der »Lewinsky-Affäre«. Er, der etwas struppige, immer zu laut kläffende Hund im Rudel SPD. Er, der straßenerprobte Wegbeißer, er hat es seinen feinen, rotrassigen Vorgängern wieder einmal gezeigt. Der kleine Gerd aus Mossenberg hatte mit dem großen Clinton aus Little Rock, Arkansas, geflachst und über die Weltlage räsoniert. Noch einmal dreht er sich zu seinem Pressesprecher Uwe Heye um: »Is' doch ganz gut gelaufen, oder?«

Sir Heye antwortet nicht. Er setzt nur sein großes, sattes Grinsen auf und nickt wie ein Vater, dem man gerade eine Eins nach Hause gebracht hat. Zufrieden legt sich Schröder auf das kleine, weiße Kissen, das ihm die asiatische Stewardeß gereicht hat. Er darf nicht vergessen, für Doris morgen am Flughafen noch ein Geburtstagsgeschenk zu kaufen, denkt er.

Dann schläft er mit einem langen, tiefen Seufzer ein.

»Für Gerhard Schröder eine Blonde«
Kultur und Kölsch

Die »Ständige Vertretung«, kurz »StäV« genannt, liegt am Schiffbauerdamm und gehört dem Bonner Gastronomen Friedel Drautzburg. Der wurde nicht nur deshalb bekannt, weil er Kopf und Herz einer Bonner Bürgerinitiative gegen den Umzug nach Berlin war, sondern weil er einer der ersten Bonner war, die sich in Berlin niederließen, als der Umzug einmal beschlossen war.

Eine riesige Kneipe also mit altem Gedöns aus der Bonner Republik. Lampen vom Petersberg, Tische aus der Bonner Fahnenfabrik, Fotos von alten Kanzlern. Die Kellnerinnen sprechen rheinisch. Die Schaupieler Otto Sander und Vadim Glowna haben schon eine ganze Weile am Tresen rumgehangen, als die SPD-Meute endlich aus dem Theater hereintröpfelt. Allen voran Oskar Lafontaine mit der Juso-Vorsitzenden Andrea Nahles im Schlepp, den Schauspielern Uwe Friedrichsen, Hannelore Hoger und Angelika Domröse. Dann Ben Kingsley, der berühmte Gandhi-Darsteller aus England. Katja Ebstein, die immer wieder dabei ist, wenn es Wunder geben soll, und Jack Lang, der ehemalige französische Kulturminister. Franz Müntefering erscheint mit »Würfel-Rudi«, so hieß der Schauspieler Hilmar Thate in Dieter Wedels »Der König von Sankt Pauli«. Gerhard Schröder flüchtet gleich an den Tresen. Das ist nicht seine Welt hier. Wenn er sich ärgert, schwillt sein Kinn auf doppelte Größe. Jetzt ist es dreimal so wuchtig. Denn er hat sich über sich selbst geärgert. Ausnahmsweise.

Nach den Auftritten der Schriftsteller Michel Tournier (»Der Erlkönig«) und Viviane Forrester (»Der Terror der Ökonomie«) eben im Theater, nach dem SPD-Moderator Roger Willemsen und dem weißrussischen Regisseur Jurij Chaschtschewatski aus Minsk, nach Nobelpreisträger Elie Wiesel und dem Kabarettisten Thomas Freitag – da konnte er eigentlich nur noch eine schlappe Rede auf die Bühne des Berliner Ensembles legen. Das war klar. Die anderen waren einfach zu gut. Aber warum hatte er sich nicht vorbereitet? Warum hat er sich keinen feinsinnigen, anekdotenreichen Auftritt bauen lassen? Einen, den alle hinterher »sophisticated« hätten finden können, oder mindestens elegant. Statt dessen hatte er es wieder aus dem Ärmel versucht, hatte sich zu allem Überfluß auch noch korinthenkackerig gegeben: »Kultur konkurriert mit Sozialem« – als wollten Künstler sowas hören. »Kunst- und Kulturarbeit habe ich auch immer verstanden als Arbeit an mir«, hatte er gesagt, und das klang wirklich, als wollte er ein Stadtteilfest in Rheda-Wiedenbrück eröffnen.

Zum Schluß hat er sich dann vollends verbrabbelt: »Ich will am Ende haben, daß ich Kritisches, aber auch Solidarität gewährt habe.« Und damit alle sehen konnten, wie froh er war, aus dem Bühnenscheinwerfer entlassen zu werden, ist er von der Bühne auf seinen Sitz zwischen Rut Brandt und Oskar Lafontaine gesprungen. Er hatte die Lage irgendwie unterschätzt. Der Spiegel schreibt am Montag darauf über Schröders Auftritt: Eine Rede wie Kohl. Aber er schreibt auch: »Rut Brandt, die schöne Witwe«. Dabei war Rut Brandt noch nie im Leben Witwe. Er ist nicht reingeboren in das Leben zwischen Kunst und Kultur, das ist bekannt. Er hat sich erst parkettfest machen müssen. Aber warum hat er nicht von seinen Begegnungen mit Malern erzählt, zum Beispiel? Warum hat er nicht wenigstens zum besten gegeben, wie der berühmte Maler Georg Baselitz ihm 1994 einen Frauenkopf in einen Ausstellungskatalog malte und prophetisch drunterschrieb: »Für Gerhard Schröder eine Blonde«. Der Abend ist vergeigt. Erst mal ein Gaffel-Kölsch!

Das Kulturfest, das Klaus Staeck und die Partei »Für Gerhard« im Willy-Brandt-Haus, im Theater und in der Kneipe organisiert hatten, folgt einer alten Idee. Im Willy-Wahlkampf gab es viele solcher Feste. Günter Grass warf sich damals für eine neue Politik in die Brust, mit Heinrich Böll. Heute ist der Leipziger Schriftsteller Erich Loest da und ganz glücklich, »weil wir so'n Mist schon zigmal veranstaltet haben, aber nie hat einer hingeguckt.« Es sind also an diesem Abend dort, wo Schröder gerade abhängt, auch viele von den alten Bonner Journalisten. Reporter, die schon alles erlebt haben und jeden kennen. Sie stehen an runden Stehtischen und erinnern sich, wie unter Willy alles besser, größer, glanzvoller war. »Peinliche Veranstaltung, grauenhaft«, erklärt ein Fernsehmann auf dem Weg zum Sauerkraut-Büffet, »und der Schröder war ja wirklich unglaublich schlecht«. Auf dem Rückweg trifft der Mann, der Freitag abends die Bonner Woche zusammenfaßt, den Kanzlerkandidaten: »Hallo, Herr Schröder, schön Sie zu sehen, war 'ne prima Rede.«

Gandhi läßt sich neben ihm das Geheimnis des obergärigen Bieres erklären und schwärmt von Sauerkraut und Back-

Mit Rut Brandt und Elie Wiesel beim Kulturfest in Berlin.

Mit Michael Naumann und Otto Sander an der Theke der »StäV«.

schinken. Schröder kann immer noch nicht genug englisch, um sich mit seinem berühmtesten Wahlkampfhelfer fließend zu unterhalten. Deshalb verdrückt er sich zu denen, deren Sprache er spricht, deren Spielregeln er kennt. »War doch 'ne dolle Veranstaltung«, fragt er die alten Journalisten, die ihn schon als Juso kannten. »Ganz dolle Veranstaltung«, sagen die und denken heimlich an Willy Brandt, an die schönen Witwen, an den schlauen Oskar, den sie so viel lieber an der Macht gesehen hätten.

»Können Sie mir mal erklären«, belatschert ein inzwischen sehr angeschickerter Schaupieler die Sozialdemokratinnen Andrea Nahles und Monika Griefahn, »warum zwei so unglaublich attraktive Damen in die Politik gehen?« Die kreischen vor Lachen. Wird irgendwo anders schöner gelogen?

»Das Leben ist der Güter höchstes«
Entpolitisierter Wahlkampf auf Borkum

Manchmal ist man zu nah dran. Das ist gefährlich. Denn dann ist ein Politiker, den man beobachtet, auf einmal nur bloß ein Mensch. Und man fragt sich: Kann so einer überhaupt ein respektabler Kanzler sein? Einer, der so normal ist? Der sonntags auf Borkum sitzt, bei jedem grüßenden Passanten aufspringt wie ein Konfirmand und Autogramme schreibt? Einer, dem die Tochter mit Servietten das Gesicht umwickelt. Der einen Nachmittag im Straßencafé verbringt und mit tiefer gelegter Stimme »Es hängt ein Pferdehalfter an der Wand« singt. Will man das wissen: »Die Sache mit der Lohnfortzahlung im Krankheitsfall ist gar nicht von mir, das war eigentlich die Idee von meiner Frau«? Sie habe ihm genau vorgerechnet, wie knapp sie als alleinerziehende Mutter habe kalkulieren müssen. Wenn sie damals krank geworden wäre und weniger verdient hätte, mit Kindermädchen, Raten für die Eigentumswohnung – das reine Chaos.

Es war nicht zu erwarten gewesen, daß Gerhard Schröder in seinem Urlaub komplizierte Bibel-Übersetzungen lesen würde, wie Tony Blair etwa in der Toskana. Aber daß wir einen ganzen Sonntag lang an Borkums Bahnhof sitzen würden, mit Weißbier, Minestrone und Bert Brechts Lied von der »Hanna Kasch«, das hatte ich von einem, der in seine größte

Hart am Wind auf Borkum: Der Kandidat macht Urlaub.

Ganz wohl ist Schröder nicht, wenn ihm Babys gereicht werden.

Schlacht zieht, auch nicht erwartet. Doch Schröder hatte keine Lust, seine Säbel und Florette zu sortieren. Er wollte in der Sonne sitzen und den Tag gut sein lassen. »Das Leben ist der Güter höchstes«, zitiert er gern und zufrieden in solchen Momenten Christian Dietrich Grabbe, den heimatlichen lippischen Dichter.

Wie immer kurz vor den Wahlen treibt ihn die Unruhe unter die Leute. Vor der Niedersachsenwahl im März '98 ist er samstags mit seiner Frau durch die Einkaufspassagen Hannovers gezogen. Unter dem Vorwand, für sie einen Anzug zu kaufen. Aber sie haben keinen gefunden, der ihr gepaßt hätte, statt dessen hat er unzählige Hände geschüttelt. Er kann nicht allein im Saft schmoren. Er braucht den Zuspruch des Volkes. Freut sich über jedes verschwörerische »Alles Gute, Herr Schröder – Sie ahnen ja, wofür.« Kein Autogramm ist ihm lästig, »ist doch mein Job«. Er traut seinen privaten Straßenumfragen mehr als denen seiner Demoskopen. »Die Leute sind bei mir ehrlicher als bei Emnid.« Und an diesem Sonntag wäre er schon Kanzler – wenn es nach den Touristen auf Borkum gegangen wäre. »Aus Wuppertal sind Sie«, sagt er zu einer älteren Frau, »und soll'n wir den Johannes Rau zum Bundespräsidenten machen?« Die Rentnerin muß nicht lange überlegen: »Ja, macht das mal, der hat das verdient.«

Doris Schröder, die in ihrer Schulzeit Geige gespielt hat und an die disziplinfordernde Position der zweiten Geige gewöhnt ist, reicht Autogrammkarten, assistiert als Fotografin, wenn Passanten ihr die Kameras reichen für das Bild mit dem Kandidaten.

Die Schröders hatten Halbpension gebucht. Am Nebentisch saß ein Landadels-Paar, Baron und Baronin (»Ganz nette Leute im übrigen«). Und eigentlich hatten sie gar nicht nach

Borkum gewollt, sondern wieder auf die Nordseeinsel Juist. Nur, als Doris Schröder dort nach Quartieren herumtelefonierte, war alles schon ausgebucht. Später haben sich die Juister natürlich geärgert, weil der Medienrummel, den der zehntägige Urlaub der Schröders ausgelöst hatte, prima PR für Borkum war.

Sie hatten die Suite »Berend de Vries« des Hotels »Vier Jahreszeiten« gleich neben dem kleinen Borkumer Bahnhof bezogen. Alle paar Stunden hielt dort die Inselbahn. Und Kater Schnurri verschlief den ganzen Tag auf dem Zimmer. Klara durfte reiten. Schröder machte Interviews mit sämtlichen Fernsehsendern, sagte aber in keinem der Interviews, was er nicht schon all die Monate zuvor gesagt hatte. Doris Schröder sortierte ihre Termin-Anfragen. Die Begum und Karim Aga Khan luden das Ehepaar Schröder zur Hochzeit am 2. Oktober nach Frankreich. Da mußte sie nun absagen, denn Schröders Mutter feiert am gleichen Tag ihren 85. Geburtstag. Der Fotograf Lord Snowdon, Ex-Schwager der Queen, kündigte an, sie nach der Wahl als First Lady zu porträtieren, sie solle umgehend einen Termin für das Shooting nennen. Das ZDF wollte sie noch vor der Wahl durch die bayerische Heimat begleiten.

Schröder war an diesem Urlaubstag mit dem beschäftigt, was er »entpolitisierter Wahlkampf« nennt: Er war um seine Bräune besorgt. Die sollte mindestens eine Woche lang halten. Braun sein, das wirke im Fernsehen und im Bundestag besonders gesund und jung, erklärt Schröder. Und der Fernsehwahlkampf sei schließlich der wichtigste. Deshalb wolle er auch diesmal nach dem Urlaub, dann, wenn die heiße Phase vor der Wahl beginne, keinen Alkohol mehr trinken, weil man in abstinenten Zeiten leichter im Kopf sei, und unter den

Ein bißchen Wahlkampf geht immer – zur Not auch im Urlaub.

Autogramme schreiben nervt ihn nicht: »Ist doch mein Job«.

Augen. Doris war schon jetzt flau, wenn sie nur an den 27. September dachte.

Sie weiß, wie schweigsam ihr Mann dann ist, wie unheimlich still. »Beim letzten Mal hab' ich ihm dauernd so hingeschwätzt«, erzählt sie, «aber er hat den ganzen Tag vor Nervosität kein Wort geredet.« Und dann ist auch noch die Straße zum Wahllokal soeben aufgerissen worden, stöhnt die Kandidatengattin, wie wird das aussehen, wenn sie vor all den Kameras an dem Tag durch Matsch waten müssen?

Aus München erfahren sie, daß sich ein Klatschreporter Zugang zu Schröders Mutter verschafft hat und sie mit windigen Fragen zu prekären Antworten verleitete. Der Lafontaine sei wohl ein bißchen neidisch auf ihren Gerhard, sagte Erika Vosseler ohne Argwohn. Unanständig findet Schröder es, eine 84jährige Frau so aufs Glatteis zu führen. Im letzten Augenblick kann Sir Heye von Hannover aus das Münchener Interview wieder einfangen.

Irgendwann hat Schröder dann zwischen zwei Weißbieren überlegt, daß ihm eine Große Koalition als die wahrscheinlichere erscheint, daß er »40 Prozent plus x« erzielen wolle. Daß er der erste sein würde, der eine Regierung durch eine Wahl ablöst. Daß er mit Volker Rühe besser könne als mit Wolfgang Schäuble. Doris hat überlegt, daß sie eine Talkshow machen könnte, wenn sie nicht Kanzlergattin würde: »Doris' Welt«, so könnte die heißen.

Gegen Abend waren wir dann plötzlich auf Bertolt Brecht gekommen. Und Doris sang, wie Hannes Wader auf der Platte, die sie als 13jährige besaß, das Lied von der Hanna Kasch. Plötzlich stand Schröder da, mit schwerem Kinn, siegesgewissen Augen und hochgereckter Faust. Stand auf der Plattform des Borkumer Bimmelbahnhofs und sang zur untergehenden

Das Fahrrad hatte er für Tochter Klara ausgeliehen. Geradelt sind sie allerdings selten, denn Klara reitet lieber.

Sonne das Arbeiterlied, das er schon früher so inbrünstig wie falsch mit Hillus Tochter Franca gesungen hatte: »Dem Morgenrot entgegen, ihr Kampfgenossen all, Bald siegt ihr allerwegen, Bald weicht der Feinde Wall«. Schade, daß ihn niemand von den Genossen so sehen konnte.

»Wieso wollen Sie eigentlich Kanzler werden?« hat Fotograf Robert Lebeck den Kandidaten irgendwann an jenem heiteren Nachmittag gefragt, »dann können Sie doch nie wieder so schön hier auf dem Bahnhof in der Sonne sitzen.« Wenn man nur eins will im Leben, dann kriegt man's auch. Ich will hier rein. Meine Psyche ist in Ordnung, weil ich großartige Siege, aber auch großartige Niederlagen kenne. Wann, wenn nicht jetzt? Wo, wenn nicht hier? Wer, wenn nicht wir? »Ach wissen Sie«, sagt er viel ernsthafter, als es nötig gewesen wäre, »wenn man einmal in diesem Dunstkreis von Politik war, dann will man auch endlich dahin, wo man am meisten entscheiden kann.«

Dann steht Schröder auf und bringt das bunte Kinderfahrrad, das er für Klara geliehen hatte, zurück zum Verleih. Dabei sieht er aus wie ein ganz normaler Familienvater, der ein buntes Kinderfahrrad durch die Einkaufspassage von Borkum schiebt.

Abspann

Wäre die Geschichte vom Aufstieg des Provinzpolitikers Gerhard Schröder ins Kanzleramt ein Spielfilm, so müßte sich die Kamera in der Nacht des Siegers noch einmal umdrehen und zurückblicken in die Zeit, in der Schröder noch grünkarierte Sakkos trug und in dunklen Büros vor sich hin sinnierte. Was ist aus den Menschen von damals geworden, die ihn von Wahlkampfauftritt zu Wahlkampfauftritt begleiteten? Von Saal zu Saal, von Hochebene zu Hochebene? Aus dem Referenten Heinz Thörmer zum Beispiel, der Pressefrau Birgit Stengel, dem Fahrer Manfred Kirschner, Hiltrud Schröder und deren Töchtern?

Schröders Ex-Frau, 49, arbeitet heute für eine Bonner Werbeagentur. Eine politische Karriere schließe sie für die Zukunft nicht aus, ließ sie Zuhörerinnen wissen, die sie bei einer Veranstaltung von Bündnis 90/Die Grünen in Oldenburg drängten, politisch offensiver zu werden, »mindestens als Kanzlerkandidatin irgendwann«, besser als Kanzlerin. »Soweit wie ihr sind wir noch nicht«, sagte Hillu Schröder, die seit 20 Jahren SPD-Mitglied ist. Das Angebot, den Landtags-Wahlkreis Hildesheim zu übernehmen, hatte sie im Sommer 1997 ausgeschlagen. »Das wäre für mich zuviel Schaulaufen geworden«, erklärte sie. Denn noch immer ist sie ein beliebtes Objekt der

Boulevardzeitungen, gelegentlich wird sogar ihr Haus in Immensen von Reportern und Fotografen observiert. Und ihre erwachsenen Töchter sind inzwischen angehende Tierärztinnen.

Die Pressereferentin Birgit Stengel, damals Mitte 30, wechselte, nachdem Schröder im Mai 1990 Ministerpräsident geworden war, ins Kulturministerium von Helga Schuchardt und später als nationale Sachverständige ins Verbindungsbüro nach Brüssel. Anfang 1998 wollte ich sie nach all den Jahren noch einmal zu einem Interview treffen. Da war sie bereits schwer erkrankt. Im Frühjahr ist sie gestorben.

Manfred Kirschner, 50, arbeitet heute in der Registratur der Niedersächsischen Landesvertretung in Bonn. Seinen Beruf als Schröder-Fahrer mußte er im August 1995 drangeben. Bei der Rangelei, die es damals auf den Musiktagen von Hitzacker gab, flog ihm eine Bierdose, die vermutlich für Schröder bestimmt war, in den Nacken. Sie verletzte seinen fünften und sechsten Wirbel. Kirschner konnte danach die schweren Panzerlimousinen ohne Schmerzen nicht mehr steuern. Deshalb ließ er sich in den Innendienst versetzen und archiviert seither Bundesratsdrucksachen für den Ministerpräsidenten.

Heinz Thörmer, 50, ist der einzige aus jener »Fahrgemeinschaft« des Frühjahrs '90, der nun wohl mit Schröder ins Kanzleramt ziehen wird. Irgendeine Abteilung wird er dann leiten, oder einen Planungsstab. Heinz Thörmer ist sich treu geblieben. Noch immer trägt er Kreppsohlen.

GOLDMANN

Perspektiven für die Zukunft

Michael Rutz (Hrsg.),
Aufbruch in die Bildungspolitik 15001

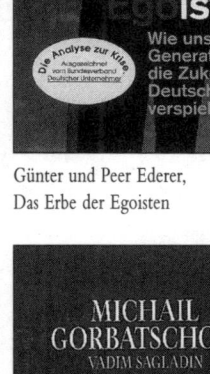

Günter und Peer Ederer,
Das Erbe der Egoisten   12696

Nicholas Negroponte,
Total digital   12721

Michail Gorbatschow u. a.,
Das Neue Denken   12754

Goldmann • Der Taschenbuch-Verlag

HIER GEHT ES UM IHR GELD
UND IHRE RECHTE

16135

14129

16140

GOLDMANN

Krisenherd Naher Osten

Ralph Giordano,
Israel, um Himmels willen, Israel 12474

Victor Ostrovsky,
Geheimakte Mossad   12658

Suha Arafat/Gerard Sebag,
Ich bin eine Tochter Palästinas   12703

Hanan Ashrawi,
Ich bin in Palästina geboren   12722

Goldmann • Der Taschenbuch-Verlag

GOLDMANN

*Das Gesamtverzeichnis aller lieferbaren Titel erhalten Sie
im Buchhandel oder direkt beim Verlag.*

Taschenbuch-Bestseller zu Taschenbuchpreisen
– Monat für Monat interessante und fesselnde Titel –

✳

Literatur deutschsprachiger und internationaler Autoren

✳

Unterhaltung, Thriller, Historische Romane
und Anthologien

✳

Aktuelle Sachbücher, Ratgeber, Hardbücher
und Nachschlagewerke

✳

Esoterik, Persönliches Wachstum und
Ganzheitliches Heilen

✳

Krimis, Science-Fiction und Fantasy-Literatur

✳

Klassiker mit Anmerkungen, Autoreneditionen
und Werkausgaben

✳

Kalender, Kriminalhörspielkassetten und
Popbiographien

Die ganze Welt des Taschenbuchs

Goldmann Verlag · Neumarkter Str. 18 · 81673 München

Bitte senden Sie mir das neue kostenlose Gesamtverzeichnis

Name:

Straße:

PLZ/Ort: